托克維爾

Tocqueville: A Very Short Introduction

U0134668

Tocqueville: A Very Short Introduction

托克維爾

哈維·曼斯菲爾德
（Harvey C. Mansfield）著
馬睿 譯

OXFORD
UNIVERSITY PRESS

OXFORD
UNIVERSITY PRESS

Oxford University Press is a department of the University of Oxford.
It furthers the University's objective of excellence in research, scholarship,
and education by publishing worldwide. Oxford is a registered trade mark of
Oxford University Press in the UK and in certain other countries

Published in Hong Kong by
Oxford University Press (China) Limited
39/F, One Kowloon, 1 Wang Yuen Street, Kowloon Bay, Hong Kong

托克維爾

哈維 · 曼斯菲爾德 (Harvey C. Mansfield) 著

馬睿 譯

ISBN: 978-0-19-942714-7

1 3 5 7 9 10 8 6 4 2

目　錄

致　謝

　　本書由斯坦福大學胡佛研究所 「自由社會的美德特別工作組」(Taskforce on the Virtues of a Free Society) 資助，我本人在該研究所擔任Carol G. Simon講席高級研究員。應我的老朋友Heinrich Meier博士之邀，德國慕尼黑的Carl Friedrich von Siemens基金會也提供了一筆研究獎金，在2009年上半年資助我撰寫本書。哈佛大學始終如一地慷慨以待，我自當銘記於心，那裏畢竟是我大部分工作與生活的所在地。Kathryn Sensen對本文內容不留情面的批評實屬可貴，我對此充滿感激。亡妻Delba Winthrop原本會是本書的合著者，而今卻只有對她的思念，陪伴我寫作本書的日日夜夜。

圖片鳴謝

引言
新式自由主義者

托克維爾(Alexis de Tocqueville)是個怎樣的人？一位作家，當然，並且格調高雅，但他是以傳播知識和真理為己任的非虛構類作家，文筆扣人心弦，才華躍然紙上。一位社會科學家，卻沒有如今這些繁瑣方法、袖手中立和假裝客觀的桎梏。托克維爾是政治學的擁護者和改革者，他的政治學在某些方面可稱之為科學，但他決不允許科學成為實現政治目標的阻礙。歷史學家？不錯，因為他寫到了美國的民主，無論今昔，那裏都是民主實踐的主要所在；又寫及法國的舊制度，他認為那裏是民主肇始之處——只不過其形式頗出人意料，是由君主制下的理性主義行政管理着。他的文風並非抽離於具體時空的理論家一路。但他是個尋根問底之人，而非平鋪直敘的講述者，且他選擇書寫最重要的事件，索性稱其為「初始動因」(first causes)。哲學家？這很難說，因為很多將哲學等同於體系的人不以為然，而我卻認為實至名歸，他實質上更像個哲學家。我們不妨折中地稱他為「思想家」，對於一個對哲學存疑的人，這是個相對謹慎的稱呼。

圖1　1850年的亞歷克西‧德‧托克維爾。托克維爾出生時，他父親看了一眼他那表情極其豐富的臉龐，就斷定他日後必成偉人。

偉人？確鑿無疑。托克維爾之偉大，不僅因其真知灼見，還因為他在「偉大」一詞在民主時代遭到攻擊或被蠻橫無視之時挺身而出，向人們闡釋了何為偉大。托克維爾之偉大，還因為他把民主和自由與偉大聯繫了起來。

　　「新式自由主義者」：這是托克維爾的自我定義。如今托克維爾並非以自由主義者著稱，他的朋友、撰寫過《論自由》一書來解釋和鼓吹自由主義原則的約翰·斯圖爾特·密爾(John Stuart Mill)才是個自由主義者。托克維爾似乎更像個社會學家，注重描述和分析，只是更兼文筆上佳。他的著作處處閃耀着卓見之光，但他的思想從對事實的觀察得來，而不是經過系統整理、依序排列的一堆論據。不過我還是應該盡量還原他自我認知的標籤，説明正因為他並非理論至上(自由主義者一般都喜談理論)，他才無愧於躋身最偉大的自由主義者之列。

　　如果説托克維爾是個新式自由主義者，也就意味着自由主義本身並非什麼新鮮事。「自由主義者」(liberal)一詞的確是直到托克維爾生活的時代才開始使用的，但在此之前，17世紀的現代政治理論家們——特別是把人天生自由作為第一前提的霍布斯(Thomas Hobbes)、斯賓諾莎(Baruch Spinoza)和洛克(John Locke)等人——就已經在自己的學説中為這種自由主義提供了依據。他們的意思是，在人可能具備任何社會或政

治品格之先，必須假設人生活在一種抽象的境況(即「自然狀態」)中，在那種狀態下，人可以自由選擇是否贊同其可能加入的社會及其政治。托克維爾並不認為人的初始狀態是洛克所說的「絕對自由」，也不認為自由的起源先於政治。他似乎寧願贊同亞里士多德，這位前現代哲學家說「人天生是政治動物」，意即人的自由必然要到政治，而不是某種先於政治的初始自然狀態中去尋找，這恰是上述幾位現代理論家反對的。

托克維爾並不是說他贊同亞里士多德的觀點。他不贊同亞里士多德所說的哲學是最高級的生活方式。他不與哲學家們爭論，也很少提到他們；偶一為之，往往是在貶低他們。在《論美國的民主》中，他所讚揚的那些踐行自由的美國人，據稱比文明世界其他任何地方的人更「不注重哲學」。在《舊制度與大革命》中，他譴責18世紀啟蒙運動時期的哲學家(*philosophes*)，或稱「文人」(men of letters)，都是些毫無政治實踐經驗、只知對政治胡亂發表意見的空談家。他在上述兩部著作中都未曾提及自由主義的自然狀態，在關於美國的書中，也沒有就《獨立宣言》中有關美國自由主義原則的語句進行任何討論。托克維爾顯然意識到了舊式自由主義的存在，而他的應對之道便是不去理會。

相反，他走向了自己的新式自由主義，主張自由是宗教之友，充滿驕傲，同時也為私利所驅使。這

種新式自由主義需要「為煥然一新的世界」準備一種「全新的政治學」，它並非托克維爾提出的一套原則體系，與17世紀的自由主義體系分庭抗禮；也不是更加現代的18世紀政治學家孟德斯鳩的政治學，與托克維爾同時代的貢斯當(Benjamin Constant)和基佐(François Guizot)等自由主義者，以及此前《聯邦論》(*The Federalist*)的諸位美國作者，都將孟德斯鳩奉為圭臬。孟德斯鳩的新政治學是為舊世界撰寫的，彼時讓世界「煥然一新」的現代民主尚未來臨，美國也還沒有成立。

托克維爾的政治學體現在他所描繪的自由中，那是在真實的美國社會踐行的自由，而不是先於實踐的原則。正因為此，他的著作才以證據、觀察和實例讓讀者着迷並深為信服。他的分析往往看似隨意發揮，甚至凌雜無序，卻並非漫無章法；每個分論點都在為整體討論提供支持，全貌是逐步呈現的。在本書中，我將探討他的新式自由主義的五個方面。這五個方面均在某種程度上關乎民主，因為民主就是新世界，在那裏，為了生存和繁榮，必須創造自由。

首先是托克維爾本人生活中的民主政治，因為他既是一位作家又是未來的政治家，既是貴族又是自由主義者。其次是他關於美國民主自治的思想，在他的時代，乃至我們的時代，美國一直是民主的大本營。隨後是他對於民主的恐懼，這在《論美國的民主》下

卷表現得尤其明顯。他在那本書中揭露了民主理論引發的風險，它們可能會激怒民主大眾，同時使之活力盡失。接下來在《舊制度與大革命》一書中，我們可以看到托克維爾描述了法國君主制藉以消解封建貴族統治的理性主義行政管理。他揭示了看似無關的兩件事——(人民做主的)民主與(官僚當家的)理性主義行政——之間的聯繫。最後是托克維爾渴望從民主中看到偉大，如果可以的話。既然蠢笨又倔強、消極又貪婪的庸庸大眾也獲得了民主的權利，托克維爾就必須教導我們如何讓民主擺脫其種種缺陷。他以為，自由的「真正朋友」也應與「人的偉大」相伴相隨。

托克維爾為何在今天仍有重要意義？首先，對他的重要性已有廣泛共識。如今，我們很難想出任何其他分析美國政治和社會之人享有比他更顯要、更廣泛的聲譽。在他有生之年，以及隨後的整個19世紀和20世紀的大半時間裏，他的自由主義看似平凡無益，左右兩派的激進批評家都風光無限，令他黯然失色。但當激進右派在第二次世界大戰中戰敗，而激進左派又因暴政的卑劣行徑讓人倒足了胃口之後，溫和的自由主義者便脫穎而出，其中最引人注目的就是托克維爾。在法國，哲學家雷蒙・阿隆(Raymond Aron)和歷史學家弗朗索瓦・福雷(François Furet)再度將托克維爾帶入了人們的視野；因為他的書，托克維爾在美國一直飽受讚譽，隨着美國人重新思考其知識界是否過於倚

重馬克思和尼采，並重新討論「美國例外論」(即美國可以成為全體人類的楷模)的本質，他再次受到美國人的青睞。自艾森豪威爾以降，每一位美國總統都曾引用過他的原話(其中不乏穿鑿附會者！)，學術圈的社會學家和歷史學家廣泛引述他的辭章，大眾歷史學家和記者也在很多書籍中提到托克維爾──這樣既能添加文采，也顯得更有權威。左右兩派均對《論美國的民主》充滿興趣，各派自有其偏愛的段落，都渴望借托克維爾的威名為自己營造聲勢。

然而人們尚未因為托克維爾豐富而深邃的思想而給予他應有的評價。原因之一正是他才華過人，彷彿除辯才之外並無他長，而他對未來的敏銳直覺則讓他顯得有些怪異離奇。好像某人文筆出色必流於淺薄，預測奇準必是妖人巫士。他文筆的優美多少干擾了人們對其所言進行仔細分析，例如，他曾把美國的總統選舉比作風暴過境。智慧遭到低估的另一原因是托克維爾竭力反對民主社會的抽象概括能力。美國的民主主義者樂於概括、普及或維持均衡，以便包含、容忍和賞識。與民主主義者攜手並進的美國知識分子也喜歡建章立論，以便普適、精準和擺脫過去。就連我們的歷史學家也想要重建歷史。托克維爾的自由主義迫使我們思考自身為踐行自治實際做了些什麼，而不是在我們是否擁有什麼權利的抽象層面爭論不休。托克維爾早已聲馳千里，而我們從他身上學到的還遠遠不夠。

圖2 諾曼底的托克維爾城堡。托克維爾生前就住在這座家族城堡中，但未留下子嗣繼承這座城堡。

第一章
托克維爾的民主天意

　　法國大革命之後不久，亞歷克西·德·托克維爾出生在諾曼底的一個老式貴族家庭，他生於1805年7月29日，卒於1859年4月16日。他的出身注定他與舊制度脫不了干係，對自由的信仰又令他與新制度難解難分。他經歷了民主降臨法國的過程，預見其終將走向全世界。他家原本姓克勒雷爾(Clérel)，一位祖上曾在1066年與征服者威廉在哈斯丁斯並肩作戰。整個家族分階段獲得了位於諾曼底托克維爾的封地，並在1661年以這一地名作為其姓氏。城堡至今仍在，托克維爾兄長的後人仍住在那裏。

　　亞歷克西保留了他的貴族頭銜，住在心愛的城堡裏，但儘管他花費了大量時間和金錢來照料這座城堡，卻未能留下一兒半女來繼承它。這是個他並不感到遺憾的意外，他曾說過自己「並沒有強烈渴求為人父親的天降之喜」。這種對於父親身份的態度摻雜着好幾種情緒：既有貴族對平民的輕視，也有對家族未來的民主式的漠不關心，還有哲學家的泰然處之。至於他的婚姻，就沒有那麼複雜，只是凸顯了民主信

圖3　1830年前後，托克維爾的妻子瑪麗‧莫特利。她是英格蘭人，新教徒，出身中產階級。對一位法國貴族而言，這樣的背景並非佳偶，但托克維爾寫信給她說：「你是世上唯一能洞悉我靈魂深處的人」。

念。他坦承自己娶了一位身份低微的非貴族英格蘭女人(並無視某些家人的期望，非她不娶)。

政治家托克維爾

托克維爾拒用伯爵的頭銜，但並不排斥貴族出身的所有好處。他把這些有利條件都用於民主目的，即建設他所謂的民主「新世界」。托克維爾終其一生都是貴族，卻一直致力於民主事業，並為此積極參與政治實踐。在法國的「舊制度」，也就是貴族政治中，他本可以通過封建世襲制度來獲取權力。托克維爾相信，從政就其本身的性質而言就是一種貴族行為，因為治理國家需要為他人負起責任，因而在地位上就要高於大眾。他在君主制復辟期間首次從政的經驗就帶着一點兒特權意味，因為他的父親埃爾韋曾任地方長官，在地方政事中十分活躍。正是在父親的建議和影響下，亞歷克西在1827年成為一名不受薪的法官助手。在那之後，他不得不參加多少有幾分民主色彩的競選。從這裏可以看出他一直秉持的兩條原則：在本質上屬於貴族行為且起初也一直是貴族行為的政治應當民主化；以及從參政中學習政治，後一條恰是他在美國的民主中看到的獨特優點。這兩條原則之所以能夠彙聚而不衝突，是因為只有當民主主義者盡最大努力爭取在政壇上贏得一席之地，而不再聽任政職理所當然地落在貴族政體之貴族成員的肩上，政治才能夠

實現民主化。托克維爾最偉大的遠見之一，便是看出這一民主所必需的優點並非民主政體天經地義所固有的，事實上還有可能會受到威脅。

在托克維爾的時代，從政是一項艱巨的任務。法國大革命後，法國的政府一路蹣跚，從1789年之前的波旁王朝，即「舊制度」，轉變為憲政共和；接下來依次是雅各賓派的恐怖共和；反對雅各賓派的熱月政變；拿破侖帝國；波旁王朝復辟；路易–菲利普[1]的平民君主制；第二共和國，後者又被路易・拿破侖[2]推翻瓦解，建立了第二帝國。這樣的動蕩既讓矢志從政的野心家屢屢涉險，又令心繫政局的觀察家痛苦不堪。對於像托克維爾這樣的作家和思想家來說，這可算是最現成的理由，他完全可以借此告別政壇、遁世幽居，有足夠的閑暇思考，以文章來施展其絕世才情。但終其一生，托克維爾對法國的一片赤誠從未動搖，他絕不放過任何一個參政的機會，縱使如此會妨礙他著書立說；1837年，他本可以撰寫《論美國的民主》第二卷，卻在路易–菲利普政權的眾議院參加競選。那時他身為貴族在自己的領地參選，但第一次仍然失

1　路易–菲利普(1773–1850)，1830–1848年間為法國國王。1830年，查理十世試圖推行鎮壓法令，觸發1830年的法國七月革命。7月31日，立法議會選舉路易–菲利普為王國攝政。兩天後查理退位，8月9日，路易–菲利普加冕為法國國王。

2　路易・拿破侖(1808–1873)，全名為夏爾・路易・拿破侖・波拿巴，又稱為拿破侖三世，法蘭西第二共和國第一任總統，法蘭西第二帝國唯一一位皇帝，也是拿破侖一世的侄子和繼承人。

敗了；1839年他帶着民主的決心再度果斷參選並取得了勝利，隨後又連任了兩屆。1848年，路易－菲利普的君主政體垮臺之後，托克維爾被選入旨在建立第二共和國的制憲議會，參與制定憲法。後來他又入選了根據該憲法成立的新議會，在外交部部長任上履職五個月，直到新總統路易‧拿破侖解散了內閣。1851年12月，路易‧拿破侖發動政變，結束了共和政體，托克維爾這才徹底告別政壇，於他而言，如果說此前參政是遵循道義，那麼繼續置身其中就是不講原則了。他最後的政治經歷是被路易‧拿破侖當作抗議代表，關了兩天班房。

究竟是什麼讓這位天生的作家投入到連他本人都懷疑能否成功的民主政治呢？在托克維爾看來，如果沒有政治自由，就不可能有充分的寫作和出版自由。他希望通過擔任政職來親身感受那種自由，而不滿足於做一個旁觀者。像理論家那樣超然世外根本無法深入瞭解事物。哲學傳統聲稱人可以通過冥想獲得靈魂的滿足與平和，他認為那是不可能的。他認為，人的靈魂，尤其是他自己的靈魂，是「桀驁難馴、貪得無厭」的。他鄙視「世間一切的善」，又須訴諸那些善，來逃避靈魂在試圖自省時所感受到的那種「可悲的麻木」。首善當屬名譽，這是他的「天然品位」，有了它方能成就「偉大的行動和偉大的美德」；所有其他的善均等而下之，不過是獲得名譽的諸般手段而

已。托克維爾有意、故意、刻意地希望並竭力使自己的生活與眾不同，他不屑於沽名釣譽，又渴望能名滿天下。

看來根據托克維爾的理解，要想聲名顯赫名垂千古，本質上定須參政——治國，而不能僅靠彰顯自己的文學天分和智慧來獲得大眾的肯定。然而他又認為自己「是個更傑出的思想家而非行動者」，且這個看法顯然是正確的。作為政治家，他缺乏平易近人的品質，他對此也了然於心。他(在其《回憶錄》中私下)承認自己不得不在國民議會與庸眾打交道，卻幾乎記不住他們的姓名和模樣：「他們使我感到非常厭煩。」他還說過，寫作是一種行動，是一種參政方式。看來托克維爾認為政治自由有兩個分支——擔任政職和寫作，偉大之人當二者兼備。

對哲學家，或者說對大多數哲學家而言，人偉大與否只是件小事，那不過是人的自我膨脹，與永恒相比，注定將黯然失色。托克維爾卻不以為然。「我的想像，」他在一封信中寫道，「可以輕而易舉地攀上人之偉大的巔峰。」他並非自詡為另一個亞歷山大大帝，而是不滿足於自己曾孜孜以求的世俗名譽，卻又不敢肯定上帝保證了人類也一樣可以偉大。他的靈魂桀驁難馴，藐視世俗自是貴族的傲慢，但同時也有承擔政治角色的民主責任，畢竟在民主制度下，貴族階層已經無力擔此大任了。

作家托克維爾

雖敗猶榮是政治家托克維爾的最佳結局，他的餘生則必須被視為他作家生涯的波瀾起伏。的確，他最精彩的政治經歷不過是觀察並記錄了法國大革命後接踵而至、分別發生在1830年和1848年的兩次革命。1830年，他作為一名法官，必須決定是否應向奧爾良王朝的新國王宣誓效忠，拋棄正統的波旁王朝後嗣——他正是這樣做的。1848年1月，他發表了一次演說，提醒政府注意即將發生的革命，但即使身為下議院成員，他所能做的也只是提醒而已；他被迫眼看着第二共和國誕生而無能為力，只能對其社會主義前景抱着深深的擔憂。1850年，就在患上了最終令其撒手人寰的肺結核時，他寫下了關於那次革命的《回憶錄》；他說那不過是「白日做夢」，本是寫給朋友看的，最終或許能夠出版(結果直到1893年才得以面世)。彼時民主革命就在附近如火如荼地進行，那是他傾注一生心血的研究課題，而他所能做的不過是觀察和寫作。但他所做的產生了深遠的影響。

托克維爾的啟蒙恩師是勒敍厄爾神父（abbé Lesueur），此人也曾是他父親的私人教師。除老式的宗教訓導外，勒敍厄爾在其他方面對他溺愛有加，兩人遂成為密友。托克維爾16歲時，還在梅斯[3]的地方長官

3　法國東北部洛林地區的首府，位於洛林大區摩澤爾省。

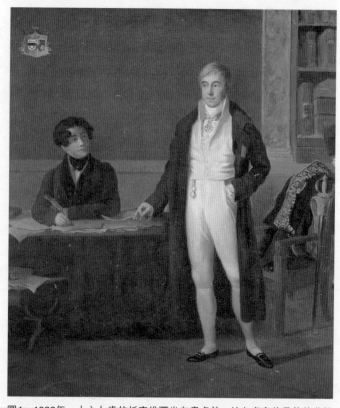

圖4　1822年，十六七歲的托克維爾坐在書桌前，站在桌旁的是他的父親埃爾韋‧德‧托克維爾。

任上的父親把他送到一所學校去學習修辭學和哲學。據托克維爾後來回憶，他就是在那時走進父親的書房，閱讀了一些哲學書籍，在他心裏引發了一場「地震」，一種「普遍的懷疑」穿透了他原本充滿虔誠信仰的靈魂。他後來一生都在與這種懷疑搏鬥，它不僅動搖了他對上帝的信仰，也摧毀了他為自己的信仰和行為所構建的「全部真理」的「理智世界」。

托克維爾的父親無視兒子靈魂中的這場地震，送他去巴黎學法律，從1823到1826年，他都在學法律。兩年後，他選修了後來出任法國總理的弗朗索瓦·基佐的課程，所做的筆記顯示，基佐關於人類歷史或稱「文明」的思想讓他頗有感觸。在當時的一封信中，他曾提到基佐的思想和著述都「非同凡響」。基佐和邦雅曼·貢斯當二人都是法國19世紀初期偉大的自由主義者，人們常常把托克維爾與他們相提並論。但與托克維爾頗不相同的是，這兩位認為，自由主義可以抑制民主而無須與其妥協。無論托克維爾從他們那裏學到了什麼，都沒有讓他得出這一主要結論。不過這倒是他在課堂上接觸同時代最前衛的自由主義思想的一段插曲。

然而，托克維爾的教育大多還是靠自行閱讀當時的歷史學家和政治哲學的經典著作。他偏愛法語作品：「我每天都要和三個人相處一會兒。」他在1836年這樣說道——他們是帕斯卡、孟德斯鳩和盧梭。但

除了閱讀那些作者的著作之外，他還與朋友們頻繁通信，在啟發朋友的過程中自我教育。這些朋友包括文人學者讓–雅克·安培(J.-J. Ampére)、社會理論家阿瑟·德·戈比諾(Arthur de Gobineau)、英國經濟學家納索·西尼爾(Nessau Senior)、政治家皮埃爾–保羅·魯瓦耶–科拉爾(Pierre-Paul Royer-Corrard)，他的摯友弗朗西斯克·德·科爾塞勒(Francisque de Corcelle)、索菲·斯韋特切尼夫人(Madame Sophie Swetchine)、阿道夫·德·西爾庫爾(Adolphe de Circout)、歐仁·施托費爾斯(Eugène Stöffels)，以及他自幼便結識的好友路易·德·凱爾戈萊(Luois de Kergorlay)。

托克維爾與居斯塔夫·德·博蒙(Gustave de Beaumont)的友誼尤其值得一提。他給博蒙寫過的書信集結起來長達三卷，也正是與博蒙同行的為時九個月的美國之旅(1831–1832)，讓他寫下了《論美國的民主》。他們曾一起學習法律，在同一個法院擔任法官，還在那次著名的旅行之前，一同選修了基佐的課。他們想去美國看看「偉大的共和國是什麼樣子」——托克維爾在一封信中這樣寫道，顯然在行前，他們關於此行的模糊想法是兩人聯合起來做些什麼。他們更明確的計劃是要寫一本關於美國刑罰改革的專著。雖然(托克維爾曾私下裏對凱爾戈萊透露)那只是個「托辭」，但兩人在從美國返回一年之後，的確就此專題出版了一本著作(即《合眾國的監獄制度及其

在法國的應用》)。他們在這本書中對改革讚勉有加，又批評了改革者的過高期許，這多少可算是典型的托克維爾式自由主義。

托克維爾和博蒙遊歷了當時的大部分美國領土。他們從紐約出發，向北穿過布法羅抵達五大湖地區，如此就到達了當時的邊境密歇根州和威斯康星州。所謂「邊境」是指大自然與文明的分界線，托克維爾在「蒸汽船上」寫作，寥寥數筆就精妙地描畫出大自然的靜謐，並就文明展開了不同層面的討論；他比較了美國人與英、法兩國人，將印第安人看作身處化外且對文明懷有敵意的人。於此完成的《在野外的兩周》(1831，托克維爾時年26歲)一書是為出版而作，但直到他去世後才得以面世。

托克維爾和博蒙兩人在旅行期間都堅持寫日記，雖然托克維爾的日記以《美國遊記》之名出版，但這本書和《在野外的兩周》一樣，不過是些彼此無關的、為後期著作而記錄的筆記，缺乏編排。從旅行中的某一時刻起，兩人合寫一部關於美國這個偉大共和國的著作的計劃變成了托克維爾一個人的事，人們不禁猜測這可能自始至終都是他的意圖。他們考察了邊境(他們認為那不過是一條暫時的邊境線，不延伸到太平洋決不罷休)之後就去了加拿大，然後南下到波士頓、費城和巴爾的摩，隨後又向西去了匹茲堡，向南到訪了納什維爾、孟斐斯和新奧爾良，從那裏穿過

佐治亞州和南北卡羅來納兩州，到達華盛頓，最後回到紐約並啟程返回法國。他們一路乘坐蒸汽船前行，每到一處便找一座小木屋住下。他們與安德魯‧傑克遜(Andrew Jackson)總統有過短暫會面，並與很多美國人展開長談，其中既有名人，也有不那麼出名的普通人。托克維爾的調研方法是提出適合受訪人回答的問題，傾聽、探究，尋找真相和見解，而不是像現代社會學家那樣，就人們對同一套問題的回答進行統計。

《論美國的民主》上、下卷分別於1835和1840年出版面世，其間相隔五年。上卷更多談及美國及其優缺點，出版後即引起了巨大轟動，而下卷對於民主的實測分析和對其未來的預言卻反應寥寥。夏多布里昂(Chateaubraind)和聖伯夫(Sainte-Beuve)等偉大的法國作家對本書上卷大加讚揚，使得托克維爾聲名大震，譽播遐邇。1838年，他當選為法蘭西人文院[4]院士；1841年，他年僅36歲即被選為法蘭西學術院[5]院士，那是他主要的社交場所，特別是在政治生涯結束後，路易‧拿破侖當權的那段時期。1852年，他在法蘭西人文院開辦了一場關於政治學的講座，把該學科與「治理之術」區分開來，因為政治學的重點在於思想的邏輯，

4　全稱為道德與政治科學學術院，是法蘭西學會下屬的五個學術院之一。

5　同是法蘭西學會下屬的五個學術院之一，是五個學術院中歷史最悠久、名氣最大的權威學術機構，當選法蘭西學術院院士是極高的榮譽。

而不是治理所必需的那一套枯燥說辭。但托克維爾的政治學是對那些枯燥說辭加以提煉來建立其邏輯的，而不是像自由主義理論家那樣一味地反對和駁斥它們。

美國並不是托克維爾唯一的旅行目的地。1827年，他曾在西西里旅行，隨後撰寫了他的第一部作品。美國之行後，他在1833年去了英格蘭，1835年再次到訪英格蘭和愛爾蘭；懷着對自己在美國見到的政府行政分權的充分興趣，他渴望在這個歐洲最自由的國家看到民主的進步，還試圖研究英國與法國貴族政治的差異。他還曾去過瑞士(1836)和阿爾及利亞(1841和1846)。他撰寫了關於貧困(《濟貧報告》，1835)、奴隸制和殖民地的報告。1850年退出政壇後，他着手撰寫關於法國大革命的著作，這是他多年深思熟慮的主題。他在有生之年未能完成整個計劃，但在1856年發表了第一部分——《舊制度與大革命》。這將會是一部「偉大的作品」，他在致凱爾戈萊的信中寫道，是一部「哲學史與歷史適時展開對話的綜合體」，將為「我們的現代社會」及其可能的未來提供一個廣義的判斷。他聲稱自己「除追求自由和人的尊嚴之外絕無其他動機」。他遠離政壇卻並未棄絕政治，既是研究歷史也在教授哲學。

第二章
托克維爾對民主的讚美

托克維爾並非靠讚美民主起家，也從未把民主捧到天上。只有在描述民主實踐時，他才會給予讚揚。他在《論美國的民主》的開篇指明，民主是一個事實，是「天意使然」，如此就從民主的倡導者和反對者(因為在他的時代，仍有反對者存在)的立場中抽身出來。他說，民主在各地蔓延，並在美國取得成果。它無須倡導，也無法反對。托克維爾認為，倡導與反對雙方均害多益少，尤其是倡導者，因為他們與民主時代更加和諧，因而比反對派更有誘惑力。我們首先必須分析和評價民主的優勢與劣勢，以肯定前者、消解後者為目的來讚美才有意義。托克維爾讚美民主，但並不認定它是好的或唯一合法的政治體制。

民主的形象

民主是什麼？根據托克維爾的定義，它首先是身份平等，是一種生活方式；只有在談到清教徒時，他才開始將民主描述為一種政府體制。如果民主不意味著自治，它作為一種生活方式並不那麼值得讚美。我

們或許會反對托克維爾的民主即身份平等的定義，因為即便到今天——更不要說在他的時代了——民主中仍然存在着明顯的不平等。對此他的回應大概是，人們會變得越來越平等，民主的本質正是日益民主，就像平等本身就是唯一永續的目標，即便這是一個永遠無法實現的目標。他注意到民主制與貴族制之間、個人的成敗興衰與階級的森嚴等級之間的反差。在引介民主時，他稱其為已經延續七百年之久的大趨勢，始自教堂神職人員的地位向大眾開放，而不再是貴族的特權——如今，這種隱秘的趨勢在美國暴露於「光天化日之下」，托克維爾正是去那個國家尋找「民主本身的形象」。

然而與自由主義理論家不同，他沒有闡明這一形象的邏輯，儘管他說會探索其「理論性的結論」。他致力於研究真正的民主實踐的「起源」，即清教徒來到美國。清教徒自稱朝聖者，因為他們來美國是代表着一種思想，而不是為了金錢或冒險；雖然這種思想基本上是關乎宗教的，但也是一種民主的政治理論，主張人民當家做主，管理整個社會，規範社會民情，建立公共教育。民主不僅表現為平等，還表現為以自治來支配民主社會或「社會現狀」(social state)。這個起源就是某種形式的社會，它是民主制而非貴族制的，不是自由主義理論中的自然狀態，在那種狀態中只有個人，社會根本尚未存在。

民主是一種特定的社會現狀，它並非十分友善。美國的一個例子就是繼承法從長子繼承改變為平等繼承或選擇繼承。長子繼承的初衷是為了保持貴族地產的完整並培養整個家族對祖先的自豪感，而平等繼承將個體的自私從家族紐帶的樊籠中釋放出來，誘使人們展望未來而非緬懷過去。平等滲透到整個社會中，有時，它是一種爭創卓越的激情，把卑微的人抬升到偉大的層面——托克維爾稱之為「果敢而正當的追求」；有時，它是一種嫉妒的低級趣味，慫恿弱者把強者拉低到自己的水平。霍布斯和洛克等人認為自然狀態可以產生民主，托克維爾的觀點與之相反，他認為民主可以催生某種自然狀態，個體之間無須彼此衝突，但也並非密不可分。

民主的個體是怎樣變得強大而非弱小的？托克維爾沒有說他們非此即彼。他關於獨立於政治的「社會現狀」的概念聽上去像是社會學，一門在他的時代才剛剛開始發軔的科學。但與今日的社會學家及其他社會科學家截然相反，他並不認為社會特徵決定了政治，因為如果這樣想，就忽視了政治對社會的重要性，他以繼承法為例所闡釋的恰是這一重要性。法律是來自社會現狀，還是決定了社會現狀？托克維爾給出了模棱兩可的答案，因為他說，社會現狀既是事實或法律的產物，又是大多數社會行為的基本原因。政治自由的重要性就顯得不那麼穩如泰山了：如果政治

只是某種社會現狀的結果，無法決定重要問題，那麼要政治自由還有何用？因此，雖然他說社會現狀可以被認為是民主生活方式的基本原因，他還是繼而談到了人民主權——暗示由誰當家做主事關重大，同時又給人留下了這樣的印象，即民主既是自治，同時也由其社會現狀所決定。

托克維爾甚至得出了這樣的結論：「人民統治着美國的政治世界，猶如上帝統治着宇宙。」凡事「皆出自人民，並歸於人民」。但如果說美國人民像上帝，他們似乎就要取代上帝、自己當家做主了。人，而非上帝，才有至高無上的權力，這是清教徒思想中一處明顯的改變，他稱其為「起源」。清教徒的民主是一種神權政體，如果托克維爾心嚮往之的是那種思想，他就不會是個自由主義者了。政治自由為民主政治設限，防止國家對民情進行嚴格管制(也就是我們如今所謂「清教徒式」的管制)，因為它希望民主的個體是自由的。托克維爾一貫支持政教分離的原則。但他贊同由清教徒帶到美國的民主政治，因為人只有參與管理才能獲得自由。他在人與上帝之間進行的這種平衡難免令人困惑，但他以此證明自由既受益於宗教，又遭到宗教的破壞。

鄉鎮

自由的個體本身是弱小的，托克維爾必須解釋他

們如何變得強大，以致民主的平等最終能夠強化個體的力量而不是慫恿他們相互嫉妒。結社便能使個體強大——這是托克維爾通過討論新英格蘭鄉鎮而探究的關鍵主題。在貴族制中，個體的階層固化在他們依賴的階層和依賴他們的階層之間。他們勉強可算作「個體」，社團是他們被動接受的。但在民主制中，人們沒有——或被剝奪了——彼此間的聯繫，必須自行結社。為達到這一目的，他們天然地傾向於自由結社，這種天性僅次於追求私利——這種觀點與認為個體之間始終對立衝突的「自然狀態」再次形成了鮮明的對比。

鄉鎮既自然又脆弱。它「如此自然，以至於只要有人聚集，就會自然而然地形成鄉鎮」，然而在文明國家中，鄉鎮只見於美國。原因是鄉鎮政府就像一個自由的「小學校」，既幼稚又笨拙，上級主管部門總是蠢蠢欲動想干涉糾正。只有美國擁有智慧，或者如智慧的托克維爾所說，只有美國走運，能讓鄉鎮保持原樣。托克維爾稱之為一種政府體制，因為它井然有序，廣開視聽；這種政體既非不可告人，也非暗箱操作，而是光明正大的。鄉鎮當然得到了各州政府的授權(托克維爾接下來就要談到州政府了)，但他在分析民主之始，先將其視為一種自下而上的政府體制，底層的民主最是自發的。

人民主權的教條稱每一個個體的「文化修養、道

德境界和個人能力」都與其他人相當。然而個體想要完成任何超出其個人力量所及之事，就必須和他人結社；並且如果要結社，就必須服從於社團的負責人。托克維爾使用了英語的「市政委員」(selectmen)一詞指代那些管理鄉鎮的人；如果用法語，他也許會稱呼他們「精英」(elite)。既然每一個個體都被宣稱在能力上與其他任何人相當，那他為何還要服從？個體並不是因為身處下級而服從，而是因為有用才服從的。個體為了完成某件個人力所不及的事而屈尊，比如修路。並且他最終依然享有尊嚴：一種在達成目標的同時還伴隨着社交之樂的尊嚴。像在小學裏一樣，他瞭解到自己完全可以在服從的同時仍然享有自由。在《論美國的民主》的緒論中，托克維爾說歐洲的民主已經「陷入自身的盲目本能中」；而在美國的鄉鎮，民主享有歐洲所沒有的合法性，日益發展壯大。

美國在鄉鎮中自學了如何生活在自由之中，托克維爾也用自己的分析讓我們瞭解到美國正在進行的實踐。他承認，在美國鄉鎮政府並非隨處可見，他也無疑誇大了它的優點，力圖用讚美的語言大力推廣這些優點。如果人民主權像法國一樣是自上而下，而非自下而上的，就會強加於人而令人渾然不覺。鄉鎮政府有很多民選公職，滿足了很多人小小的野心，也讓公民對自己的政府有了歸屬感。它讓民眾逐漸習慣於這種政府體制，「若沒有這種體制，自由就只能依靠革

命實現」。民主通過選舉而茁壯成長，並且托克維爾還說，美國並非因為繁榮而有了選舉，而是因為選舉才走向繁榮。

美國人學習自治的另一種形式是陪審團，「它是一所總是敞開大門的免費學校，每一位陪審員都在這裏學習運用自己的權利」。在英國，由貴族成員組成的陪審團是一個貴族機構，但它在美國卻實現了民主化。美國的陪審團教育公民如何裁決，即如何執行民主立法機構渴望通過的一般法律，特別是在某些需要對公平做出調整的情況下。它教育「每個人都要敢於為自己的行為負責」——他說這是一個有男子漢氣魄的政治美德。托克維爾賦予陪審團以巨大的力量。它是「讓人民實施統治的最有力的手段」——也許托克維爾這是有意誇張，為的是配合其假借讚揚而提出建議或敦促的策略。讓人民實施統治「也是教會他們如何統治的最有效的手段」。在美國，自由的人民邊幹邊學，而不是在行動之前先去請教某種理論。

總之，裁決節制了人民主權，向他們表明了其主權的局限性，主權必須通過法律來表達，並且就算是好的法律，在執行時也可能過於嚴苛。與此同時，美國諸州的法官選舉表明，在選舉中，人民通常擁有免職的專斷權力，這類權力有時既沒有充分的理由，也無法補救。無論人民主權如何受到控制和削弱，它仍有非理性的一面。人民主權最終或許未必比君王主權

更加理性；二者都會心血來潮、反復無常。自由無法全然合理，自由公民看到自己的黨派和候選人失敗時，必須學會平靜地接受人民的決定。

　　鑒於鄉鎮和陪審團的政治優勢，托克維爾就政府集權問題做出了區分，他的觀點至今仍被廣泛引用。如果政府能綜合各方的共同利益，政府集權沒有什麼不好，但服務型政府的行政集權會削弱服從政府的人民的力量，因為要求統一會摧毀人民的「市鎮精神」，即自治實踐與抵禦外敵相結合，這種市鎮精神體現在本地人建立鄉鎮和陪審團的自由中。他承認行政集權可能更高效，但它會變本加厲、日益臃腫，越來越有攻擊性；在從人民手中拿走行政權時，無視其所造成的傷害；拒絕人民的自由合作，把權力保留給在中心指揮一切的官僚。法國就是這種錯誤的典型，因為像樞機主教黎塞留和馬扎然這類大臣主導的君主制政府樹立了一個壞榜樣，隨即被法國大革命效仿。而美國的聯邦制度讓地方行政得以保持，並仿效英國行政分權的好榜樣——英國是由貴族制轉變成當前制度並民主化的另一個實例。

　　美國聯邦制度的體系是依照憲法建立的聯合體，托克維爾的目光從鄉鎮和單個州轉向了這個聯合體；他把鄉鎮描述為自然和自發的形式，州在他的筆下也是自然的，像父權一樣自然，而聯邦則被他比喻為「藝術品」。他對1787–1789年制憲建國高唱頌歌，

稱讚美國人是「偉大的民族，當立法者提醒他們」存在危機時，仍然能夠用兩年的時間反躬自省，深入探查故障，從容不迫地找到了解救之法，並「不流一滴淚、不流一滴血」地服從它。這樣的成就是「社會歷史上的一件新事」。遵照人民主權的原則，托克維爾首先將功勞歸於美國人民，隨後又讚美了帶頭前進的美國建國者和聯邦黨人。他稱他們是「新大陸史上最聰明、最高尚的人物」。他似乎是在暗示，主權的最佳體現有時並非魄力，而是耐心，以及對高尚德行的尊重。

社團與私利

托克維爾稱其為「社團」的組織，也就是如今的社會學家所謂的「群體」。「社團」這個詞暗含的意味是，社會是由個體與他人結合(法語動詞為反身動詞)所產生的。結社是人類的天性，其天然性僅次於個體的自主行動。但在民主制度中，所有的人都是平等的，因而彼此獨立；這樣一來，對平等的追求往往會讓公民變成獨立的個體。社團必須努力才能結成，而非理所當然。托克維爾把兩人以上的幾乎所有群體都叫作社團：從婚姻(「配偶社團」)、私人俱樂部、聯營商號到政黨、鄉鎮、國家乃至整個人類。這就是托克維爾的自由主義的另一個與眾不同之處。更典型的自由主義者約翰·斯圖爾特·密爾竭盡所能地捍衛不屈

從於多數意見的個性的價值，而托克維爾卻不惜筆墨地討論起結社對自由社會的益處。他不像密爾那樣堅信個體可以學會與大多數抗衡，也希望能夠說服大多數人瞭解，他們沒必要刻意追求統一。

他考察的第一種社團便是政治社團，在《論美國的民主》下卷中，他又對政治和公民社團加以區分。兩者均是他稱之為「公民社會」的非正式聯盟，如今這個詞被廣泛使用，指代國家與個體之間的領域。但托克維爾也用它來指代鄉鎮和其他政府體制。結社具有——或者往往具有——政治性，是一種政治自由行為。托克維爾說，公民社團是一種代表共同利益的團體，而政治社團是利害相異者組成的團體；但他似乎並沒有立定心意恪守這一區分，因為他所舉的最主要的例子，19世紀美國的節制會[1]，一會兒被他叫作公民社團，一會兒又被叫作政治社團。在當今的美國，諸如全國步槍協會或美國退休人士協會這類社團都是由代表共同利益的人組成的，但顯然也頗具政治性。

政治和公民社團之間區別不大的原因在於，美國人是在政治結社中學習如何結社的。托克維爾說人民可以自我教育，第一次是在討論鄉鎮和陪審團時，第二次就是在籠統地討論社團時：社團應該被視為「免

1　又稱「美國促進節制會」，是1826年成立於波士頓的一個社團，其宗旨是戒除飲用蒸餾酒，五年間在美國發展了2220個分部，擁有17萬會員。

費的大學校，所有公民都可以到這所大學校裏來學習結社的一般理論」。那麼這裏的「一般理論」是指什麼？托克維爾沒有給出定義，不過他的確提到了結社藝術和結社科學，那大概是人類行為和認識相結合的產物，在這種結合方式下，理論最終源自結社實踐。

這是人民可以學習的理論。結社是一種免費教育，因為它相對容易，不會讓民主公民產生非理性的期望，他們畢竟只是凡俗之人。美國人希望把自己擺在第一位，且不認為人應該無私。托克維爾有一個著名的表述來總結美國人(或英裔美國人)的教條：「不言而喻的私利」——意指人必須首先考慮自我利益。托克維爾沒有說這是他本人的教條，而是說美國人贊成此說。

在提到美國人對私利的依賴時，托克維爾的觀點與現今關於民主參與的討論不同，後者有時被稱為「公有社會論」。公有社會論反對私利；它崇尚利他無私，追求與自私或市場取向完全相反的公共利益。在托克維爾看來，代表着群體的意見來自個人的私利且有利於私利，而不是無私的、與私利相抵觸的。如今還有另一種說法，認為社會只有一種，那就是民主的社會，即平等公民建立起來的社會，類似於「民主參與」這個短語的意涵；但公有社會論認為貴族的社會也是存在的，其中的個體存在於一個等級框架中。而民主社會，正如我們在鄉鎮中看到的，儘管建立在

平等個體的基礎之上，卻也利用了不平等的個體的才能和野心。

當然，這在很大程度上取決於以上表述中「不言而喻」(bien entendu)的部分包含些什麼。這一短語有時被譯作「正確理解」，說得好像與個體不直接相關的利益也能被正確地理解為私利似的。要麼就是我們最好認為「不言而喻」的私利需要與看似無關個人利益的事物——如榮譽和美德——相伴相隨？

問題源自關於民主制度中「形式的必要性」的討論，這是貫穿全書的一個主題。托克維爾在書末總結中指出，民主主義者「不容易理解形式的功用；對形式抱有一種本能的蔑視」。形式和規程是對他人表示尊重，以及與非親非友之人共同行動所需的制度(包括規則和官員)、民情(典禮、儀式、禮節和「盛裝打扮」)或法律義務(如正當的法律程序)。對民主主義者而言，這些往往僅屬技術問題，是延遲或阻礙其迅速實現慾望的不便。在民主制度中，它們顯得過於繁瑣而非理性，「拘於禮節」就表示一個人想要自己看起來不同於其本來面目。但在托克維爾看來，這恰恰是它們的優點。

形式在人與人之間設置了屏障，就像公職部門在政府與人民之間製造了不平等一樣。當程序要求特定的儀式或教養時，這些機構就在人和他們的慾望之間設置了障礙。在推動政府通過法律而不是頒布命令或

衝動行事時，它們要求政府遵照正當的法律程序。要求對隱私或尊嚴予以尊重時，它們會讓人們彼此保持距離。民主的人民蔑視形式，是因為他們希望徑直到達其慾望的目標，偏愛行動而非尊嚴，偏愛真誠而非禮貌，偏愛結果而非正確性；總之，他們認為實質重於形式。這樣的人民因為具有平等的特性自然會缺乏耐心，平等讓他們不必再「循規蹈矩」或取悅那些比自己位高權重的人。私利的本義符合這一性情，因為按照今天的實用主義說法，它要求唯利是圖，而無須踐律蹈禮。但事實上，正是不太注重形式的民主的人民才更需要形式。托克維爾說，形式的主要優點是在強者和弱者之間，特別是在政府與被統治者之間設立一道屏障，迫使前者減速，讓後者有時間做出反應。托克維爾的觀點與他筆下的美國人相反，他認為不言而喻的私利就是生活在這樣一個社會裏：個體因受阻而無法直接攫取私利，而被迫以遵規守法的、依照傳統的、尊重他人的或符合程序的手段來達到其目的。

因此，私利既因社團的實用性而向其提供支持，也會在其變成麻煩時破壞它們。結社便利的另一面，就是人們很容易忽視或解散它們。所以托克維爾強調，在美國，政治活動的喧囂與騷動「此起彼伏」，他說如果不是實地親眼所見，則根本無法理解這一點。結社行為特別是指為了某種新思想或道德目的而結社，在美國，自由的習慣根深蒂固，更甚於對自由

的熱愛。民主較之專制的真正優勢，存在於社團動盪不息的行動和活力之中。

「不言而喻」的私利的另一方面則是美國人的民主民情(moeurs)。托克維爾認為，在經濟活動中算計一己私利是理所當然的，但他認為還需要考慮維持社會運轉的實踐經驗、習慣和見解，也就是民情。他說，他對民情極其重視，如果讀者未能感受到這一點，就是沒有抓住他在撰寫此書時向自己提出的「首要目標」。托克維爾那兩位18世紀的導師，孟德斯鳩和盧梭，都曾在自己的政治哲學中強調民情，而民情也在19世紀社會學的興起中發揮了作用。古典政治哲學家會提到廣義的法律(nomos)，包括成文和不成文的法律，但托克維爾認可自由主義對於此兩者的區別。在霍布斯和洛克的自由主義理論中，這一區別的目的在於提升由某個最高主權者制定的、源自人民之許可的法律的地位，使之高於可能會妨礙主權者決定的民俗。但本着政治自由之宗旨，托克維爾希望在民主國家那些主權者的決定能夠被大面積分散而不是過份妨礙。托克維爾與最初的自由主義理論還有一個分歧就是，他認為民情高於法律，因為民情維繫着法律。法律有時會改變民情，比如新的繼承法促進了美國家庭的民主化，但民情，「心靈的習慣」以及頭腦的習慣，構成了「一個民族完整的道德和精神面貌」。

因此，民情包括宗教。在美國人「不言而喻的私

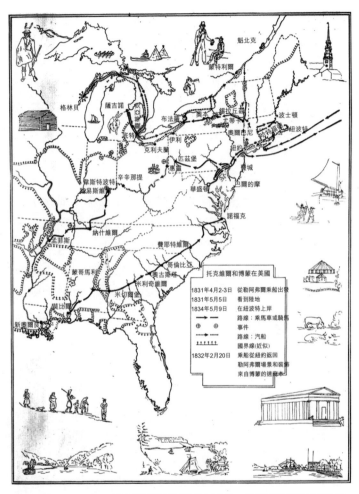

圖5　1831-1832年，托克維爾和博蒙的美國之旅。他們開始這次為時9個月的旅行時，托克維爾只有25歲。

利」的信條中，宗教是不是一個因素？答案是肯定的，但個中關係錯綜複雜。在《論美國的民主》上、下兩卷中，托克維爾都談到了宗教信仰，但態度多少有些不同。在上卷中，作為民情之根源的宗教有助於維護美國這個民主共和國。托克維爾在這裏考察宗教是因為這個功能，而非其真確性——他還說最要緊的不是全體公民信仰真正的宗教，而是他們信仰宗教。根據這種政治觀點，宗教為政治服務，而不是像清教徒那樣讓政治為宗教服務。宗教迫使人尊重那些不可逾越的障礙，接受遏制人類慾望的「某些事先規定的重要原則」，「使人世與天堂融洽和諧」。宗教為人類的主權設限，因而也就為民主制度中的人民主權設限。宗教大多通過女人而非男人設限，因為民主制度下男人的致富慾望很少受限，但女人創造了民情，宗教「像君主一般統治了女人的靈魂」。

如此一來，托克維爾認為民情之於政治有多重要，於女人也同樣有多重要。矛盾的是，他在下卷中關於女人的討論認為，女人施加影響的條件是她們自己置身於政治之外。同樣的條件也適用於神職人員。托克維爾堅決支持政教分離，主要原因是如果宗教干預俗世的政治，它就無暇關注彼世了。為確保其勢力，宗教必須保持純潔——而且遠離政治時，它反而會擁有最大的政治力量——因為這樣能夠培養抑制政治的力量。女人和神職人員都是通過不直接行使權力

而間接擁有權力的。宗教和家庭合在一起，構成了政治不可或缺的非政治補充，提醒人們除了政治生活之外，還有更高尚也更關乎個人的生活，從而對政治予以約束。然而，宗教和家庭兩者都是自治所必需的，因而在某種意義上也具有政治性。

托馬斯・傑斐遜(Thomas Jefferson)平生最後一封信(寫於1826年6月4日)寫到了他執筆的《獨立宣言》，在信中，他毫不猶豫地抨擊了「僧侶的無知和迷信」，稱之為啟蒙運動的敵人。在托克維爾看來，專制的運作無須宗教信仰，但自由做不到這一點。雖然美國人不允許宗教直接混入政府，他說，仍然應將宗教視為「他們首要的政治體制」，與其說它讓美國人偏愛自由，倒不如說方便他們享用了自由。他們在頭腦中「完全混淆了基督教信仰和自由」——得出這個結論讓托克維爾避開了對美國基督徒的虔誠程度做出評判。美國人認為宗教是有用的，但似乎只有在他們因其正確而信仰之，而非作為一種政治體制存在時，它才是有用的。宗教不會像私利那樣讓眾人「心照不宣」，畢竟美國人不是為證明虔誠信仰是善行而以旁觀者的視角去審視宗教，那就不虔誠了。

在這一語境中，托克維爾沒有提及傑斐遜，而對那些譴責美國人的法國人展開了抨擊，後者譴責美國人像無神論哲學家斯賓諾莎一樣，不相信永恒世界。在《論美國的民主》的緒論中，他將那些把宗教和自

由嚴重對立起來的團體歸為歐洲的「精神泥沼」，顯然，宗教和自由的結合便是托克維爾新政治學的首要原則，也是其新的自由主義的顯著特點。

清教徒從英國帶來的宗教是民主和擁護共和的，但宗教從總體而言仍是「貴族時代留下的最珍貴的遺產」。托克維爾逐一提醒我們注意，美國的民主有很多貴族特質。雖然無一遺漏，但他從未把它們累積相加——也許是因為累積的總和會令其貴族特質過於明顯。在托克維爾看來，貴族制和民主制是歷史上相繼出現的兩個時代，而且貴族製作為一種原則，總的來說已經謝幕，永遠消失了。但如果說貴族制已然退出了歷史舞臺，它就不再對民主構成威脅。托克維爾可以幫助我們瞭解其優點和魅力，無須擔心這樣做會給人留下為其辯護的印象。他從不曾試圖將貴族制和民主制混合起來，並公開聲稱混合政體純粹是「不切實際的幻想」，因為在每個社會，我們最終都能發現「一個佔據主導地位的行動理念」。托克維爾反對混合政體的立場表明，他拋棄了古典政治學的主要策略，也對自由主義的多元論提出了質疑。但他仍然認為，只要民主制度原則沒有受到挑戰，就可以在其中夾雜一些殘留的貴族特徵。

民主制和貴族制是兩個獨立的整體，是兩種不同的生活方式，各自都必須保持自身的純粹性，因而構成了「兩個截然不同的個體」——托克維爾在《論美

國的民主》結尾如此聲稱。但他希望在不傷及人民主權的民主原則的前提下，調和民主個體的絕對和盲目偏袒的特質。至於哪些民主社會的民情和制度據稱源自貴族制或具有後者的特徵，他留給讀者自己去總結。除宗教外，他還提到陪審團，它也曾經是一項貴族制度，那時的裁決者是貴族同僚，但它如今已經民主化了。美國對於本地自治、言論自由和出版自由的熱愛都來自貴族制的英國。民主社團是人為創造出來替代「貴族人士」的影響力的，熱衷於秩序和法律程序的律師在民主的美國當算是保守的貴族制度。托克維爾反復提出「次級權力」(secondary powers)可以作為民主集權的解決之道，這也是貴族制的天然產物，他讚美的民主形式也是如此：雖然美國憲法是由聯邦黨制定的，事實上它卻是受到了「貴族熱情」的啟發。

如此一一列舉，最引人注目的當屬托克維爾將權利的來源也歸功於英國的土地貴族制度。他說，從英國帶來的關於權利的思想並非源自約翰·洛克(他的名字並未出現在此書中)的政治哲學，而是源自反對國王的英國貴族成員們的實踐，他們力圖保護個人的權利和本地的自由。在美國，「自由已經陳舊，平等相對新潮」。因此，他在談及自由的實踐、民情和制度時，並未引入權利作為實踐的基礎，沒有像《獨立宣言》那樣聲言人類「由造物主賦予的」若干權利先於政府而存在，而是提出權利就是自治實踐本身。

在行使權利時，必須具備「一種政治精神，使每個公民覺得自己也享有曾對貴族制國家的貴族起過鼓舞作用的某些權益」。這種精神會讓人想起柏拉圖和亞里士多德所描述的血性(thumos)，他們把它形容為像動物捍衛自身利益時的衝冠一怒。它全然不同於由政府保證的經濟和社會權利，我們如今稱後者為「法定權利」(entitlements)，旨在向個人提供保障。在托克維爾看來，權利來自道德，來自「引入政治世界的道德」。這種道德會促使人們甘冒風險去保衛自由——就像《獨立宣言》的簽署者們曾以「神聖的名譽」共同宣誓——或者在日常行為中，寧願拋棄政治冷漠的舒適和安心，加入社團或競逐公職。

托克維爾筆下的「貴族制」(aristocracy)一詞是指與民主制截然不同的一種生存方式，而不是這個詞的字面意思，即「最優者治世」。他指的是貴族家族的封地貴族制。但美國的貴族制特徵來自英國，因此，每當他希望提醒人們注意英國貴族制和美國民主制——在某些方面——具有連續性時，他不僅會說到美國人，還頻繁地提到「英裔美國人」。我們還可以進一步說，托克維爾的自由主義在描述自由社會時，依賴的是國家和社會狀態，而不是社會契約。在詳述英裔美國人時，他相當尖銳地指出，他絕對不會接受人只靠認可相同的領袖和服從相同的法律就能夠形成社會的觀念，也就是社會契約的觀念。相反，他詳細

討論了清教徒以上帝的名義——而不是自由主義理論所稱的為了個人自保——接受的實際契約。美國的民族特性部分源自英國人，這一事實為它打上了特殊的印記；如果它源自另一個民族則全然不同，且這種不同不僅僅體現在今人所謂的民族特性上。美國的政治和宗教，乃至哲學和道德，例如不言而喻的私利這一概念，全都是從英國傳播到美國，成了雙重國別的英裔美國人的獨特特點。

讓英裔美國人尤為與眾不同的是自豪感，美國人尤其充滿自豪感，他們「自視甚高」。就連他們的宗教熱情也「在愛國主義的溫床上不斷升溫」，他們還把牧師送往邊境，為的是改善國家，也是為拯救靈魂。美國的愛國主義與英國的截然不同，因為前者是受到民主制啟迪而非由故土引發的，且源於自治的實踐。美國的愛國主義是被創造出來而不是繼承的，是理性、思辨和文明的，而不是本能的情緒。因為如果像美國公民那樣積極參與政府事務，他們理當以此居功。他們發現自身利益與共同繁榮密切相關，當他們為這兩個目標而奮鬥時，自豪感就與致富的渴望合而為一了。托克維爾認可我們如今所謂勞有所獲的「美國夢」，但強調了它的政治基礎。美國的愛國主義很「毛躁」，像托克維爾這樣的外國訪客會覺得它相當討厭，因為國家榮譽會加重每個人的虛榮心並為它提供藉口，以至於個人只能讚揚而不能批評國家。這是

擁有民主自由的結果之一，但顯然也借鑒了英國的貴族制。

自豪感是托克維爾的新式自由主義的重要特徵。「我寧願讓出我們幾個小小的美德，來換得這個惡習。」這是在反對那些對自豪感不滿的「道德家們」，也同樣反對霍布斯的形式自由主義，霍布斯希望自豪感或浮誇心可以受到政府的壓制，而洛克則將其簡化為一種無保障或不安定的感覺。這兩位思想家都將自保的權利放在首位，聲稱擔心個人的生命安全，而非對自身的美德充滿自豪，才是人類最強烈的天然慾望。在他們看來——這也是自由主義者的普遍觀點——自豪感是自由的敵人，因為它會引發征服他人的慾望；而且它與私利相對立，因為一個自大的人很容易變得暴躁易怒，放棄思考而魯莽向前。托克維爾不以為然，但諷刺的是，他也承認自大是一個缺點，並認為它也應算作明顯與私利相衝突，卻包含在不言而喻的私利中的諸多事物之一。

托克維爾認為，征服的慾望並非民主制度最害怕的情感，且算計個人利益對自由更加有害而非有利。在自大這個問題上，他表達了在美國的民主制度中，他懼怕的是什麼，頌揚的又是什麼。他頌揚美國民主制度的自治實踐和自由的人們因為所取得的成就而驕傲，證明他們在這一點上超越了自然界其他一切只會服從、無法自治的生物。但他同時指出，民主制本身

就會抵消自大並往往會壓制它，富人競選時就會出現這樣的例子。民主道德家們和自由主義理論力圖達到的這個目的，已經在很大程度上由民主社會自行完成了，他們的建議實在沒什麼用處。民主制度使自大者變得謙卑，同時也創造了自己的驕傲，這和貴族制度中貴族階層的驕傲一樣，是它本身所必需的。

鑒於自豪感對自由如此重要，托克維爾再次談到了靈魂。自豪感意味着個人意識到了自我，因而超越了自我——這是「靈魂」的基本含義。靈魂可以反觀自身，自我贊許便引發自豪，自我批評便導致羞愧。這樣一個靈魂引出或再次引出了他關於人性的複雜觀念。他頻繁地提到「靈魂」一詞。他的新式自由主義便是有靈魂的自由主義，同時又受到關於靈魂的舊觀念的影響，自由主義曾試圖以自我來取代後者。自由主義的「自我」對獲益很感興趣，卻沒有因為靈魂在超越的層面對自我進行反省而變得複雜。自由主義的自我沒有能力自豪或羞愧，也不太可能獲得滿足；它只是不停地索求。托克維爾不僅回歸到有序的靈魂這一古典哲學概念，還援引了古典哲學和基督教關於高尚的靈魂的概念。

因此，托克維爾在《論美國的民主》緒論中所表達的主要憂慮就是，他在歐洲看到的民主制導致了靈魂的墮落。他說，貴族制是基於這樣一種信念，即貴族成員的特權是大自然永恒不變的秩序，這當然是個

假象，但不得不服從的人民卻認為它是正當的。而民主制度還沒有建立合法機構來取代已經被推翻的貴族特權，因而人民雖然不再是「農奴」，卻出於恐懼而不是愛和尊重，對現有的政權垂首帖耳。出於恐懼的服從完全是權宜之策，難免使靈魂墮落，因為人民會為自己懦弱卑微地服從權威而感到羞恥，哪怕他們服從的是民主的權威；這樣的人民無法自重，也不認為自己是自由的。

之所以出現這種令人沮喪的狀況，與其說是道德失範，倒不如說是歐洲當前的某些「精神泥沼」導致的。在美國實踐中的民主制也不乏同樣的失誤，那裏的公民頗感自豪，他們相信政府是合法的，人民的服從也是合理的。

第三章
非形式的民主

　　托克維爾贊同使人民主權得以行使的美國的形式民主制度。他讚揚了憲政形式，美國的建國者在構想這些形式時的考量複雜而周密；他讚揚了清教徒帶到美國的簡單、自發的鄉鎮自治形式，也讚揚了所有這些形式的基礎：結社的藝術。這些形式讓人民得以有效地自治，並因此而明智地生活、實現經濟繁榮。這些形式創造了政治自由，因為它們本身就是政治自由，那是真正在踐行的自由而不僅僅存在於理論中。美國人民在自治中感到自豪，這種自豪感並非盲目樂觀，因為他們在自由的同時，還建立了成功的民主制度。

多數的權力

　　然而托克維爾看到，有一種比形式民主更加強大的非形式的民主。社團的形式在等級和程序兩方面對人民協同合作的組織結構做出了規定，但這些渠道或授權機制同時也是耽擱或阻礙人民的意志立即得以執行的壁壘。它們會導致因受挫而焦躁不安的自大，而

不是有所成就的自豪。托克維爾在《論美國的民主》上卷第二部分宣稱，他的敘述重點將會從(第一部分第四章所展現的)人民主權的原則或教條轉向其實際的治理。第二部分第一章的題目就是「為什麼可以嚴格地說美國是由人民統治的」。他宣稱，「人民的意見、偏好、利益乃至熱情」在實現的過程中不會遭遇「頑強的障礙」。人民通過代議制政府來治理國家，但他們頻繁選舉代表，為後者指明方向，並讓他們依賴於人民。此外，「人民」指的不是從不作為的正式機構，而是以其名義進行統治的大多數。

非形式的民主恰是舊式的形式自由主義試圖以代表制和分權制等觀念破壞的東西。霍布斯和洛克構想了一種存在於自然狀態的形式民主，但它即使存在過，也只是曇花一現，而且其目的在於讓以人民的名義——實際上並非如此——來進行治理的君主合法化。洛克和孟德斯鳩發現人民的代表可能會不忠於人民，便制定了形式上的分權，迫使政府自我制衡。《聯邦論》完善了自由政府的這兩種基本形式，因此美國憲法的每個部分都有充分的代表性，在一個全新設計的聯邦制中，分權制體現了新型的、更好的平衡。這些措施都是精心設計的，旨在通過選舉來「提煉和擴充」人民的意志，如果未能實現這一宗旨，它們就會提供「輔助的預防措施」來應對失控的政府或蠻橫的人民，讓人民具備理性來控制激情。

托克維爾不同意這種觀點，他的「新式」自由主義拋棄了舊自由主義的希望，即在自然狀態下，一個民主的開端可以避免在最終的政府中出現民主的結局。旨在保證主權人民受到紀律約束的那些自由主義形式很容易遭到踐踏。說人民的意志不會遭遇頑強的障礙，就意味着一時衝動可能會被遏制……但也有可能遏制不了。這個想法更接近於盧梭(托克維爾公開承認的導師之一)而不是自由主義者們，盧梭也曾批評後者制定了複雜的策略，讓人民被代表，而不是直接被統治。但托克維爾不同意，也未在書中提到過盧梭構想的用一種新式的社會契約來代替自由主義代議制政府。無論理論家提出什麼樣的形式，民主的人民最終都會按照自己的意願行事。

既然已經斷言人民完全當家做主，托克維爾下一步就討論了他們當家做主的非正式手段，首先便是政黨。黨派應當爭論的不是族群認同(我們會這樣說)，而是會對所有群體產生相當影響的共同利益如何分割的問題。他說黨派是自由政府與生俱來之惡，同意傳統上對黨派的貶低，但也說它們可分為兩類：一類是偉大的、有原則的政黨，例如聯邦黨人和傑斐遜派；另一類是只關心任職而沒有什麼思想的小黨派。然而，就算在托克維爾訪美期間看到的小黨派，如傑克遜派民主黨[1]，也有着「隱秘的本能」，這些本能與如今我

1 以美國第七任總統安德魯‧傑克遜(Andrew Jackson 1767–1845，任期

們在任何自由社會都能看到的兩大政黨不無關聯——一是擴大人民權力的民主本能，一是約束人民的貴族慾望。通俗地說，就算在人民主權的民主制度中，也會有黨派希望能約束他們，就像即使在貴族制中，人性中的不和諧也是壓抑不住的。

美國的出版自由是各個政黨的武器，同時也是人民主權的非形式因素。民治的政府是反映人民意見的政府，他們會對那些意見進行選擇：新聞媒體的權力就是明確表達人民所選擇的意見。這是知識分子的權力，但美國沒有一個與巴黎對等的智識之都，知識分子散落四方，無法迅速向整個國家表達其意見。美國新聞記者的精神與其法國同行形成了鮮明的對照：在法國，記者擁有更大的權力，他們擅長粗魯的攻擊，總是被熱情衝昏頭腦，不講原則、長於誹謗。總之，自由的新聞媒體是善與惡的結合體，對此必須全盤接受，在完全自由的媒體和遭受打壓和奴役的媒體之間，並沒有經得起考驗的中間派。

非形式民主的另一個特徵則是政治社團，這同樣也是個善與惡的結合體。美國人享有極大的政治結社自由，甚至在歐洲的自由主義者看來，這也是相當危險的。但托克維爾認為，極大的自由有時反倒可以糾正濫用自由的行為。在美國確有其事，那裏對反對意

為1829–1837) 及其支持者為首的政治派別。傑克遜的政策跟從了主導上個政治時代的傑斐遜派，以民主精神見稱。

見有極大的寬容，比如托克維爾間接提到的1831年拒行聯邦法危機。但這樣的行為往往要付出代價，那就是在追求統一戰線的社團中放棄獨立思考。這類社團的有利之處就在於，它們不斷求變，因而「削弱了多數的道德帝國」，且在求得多數贊成之時他們也為後者的道德力量進行了背書。人民主權意味着每個個體的平等能力和全體公民的道德力量，但實際上卻是多數以全體的名義實施對每一個個體的統治。

多數的暴政

在《論美國的民主》的這一部分，托克維爾小心翼翼地推進，彷彿是想吊讀者的胃口，不肯一次說完。他在上卷第一部分寫到了暴政，但那部分內容主要是讚揚美國的政府形式，未涉及多數的問題。「多數的暴政」一詞首次出現在關於政治社團的那一章，隨後又在第七章討論多數的「無限權力」時成為小節的標題，在本章正文中被論述為多數的「暴政」，最終被定性為一種新的「專制」。這是人民主權背後的幽靈，在此之前，人民主權還一直都是托克維爾討論和讚揚的對象。

托克維爾說上帝的無限權力是安全的，因為祂的智慧和正義與其力量相當。但不完美的人類就不一樣了。人類主權的無限權力會帶來暴政，這雖非必然但可能性很大，除非另有預防措施。與霍布斯、斯賓諾

莎和洛克以自由主義原則為依據的提議不同，在托克維爾倡導的民主社會，他不希望擁有主權的人民原封不動地接管上帝的權力。

但在美國，阻止多數暴政的預防措施是什麼？民意形成了多數；立法機構代表並服從於多數；行政長官也是一樣；軍隊是在服役的多數；陪審團是提交裁決的多數。法治算不上預防多數暴政的措施，托克維爾用「法律的暴政」一詞明確表達了這一觀點。他對暴政的定義是違背被統治者的利益的統治，這與不講法律的專斷有所不同。因此，法律可以是多數暴政的工具，而專斷的統治也可以為被統治者的利益服務，儘管這在絕對的專斷統治中不太可能。暴政是一個人的統治，只不過多數的暴政是多數像一個人那樣思考和行動。在美國，多數得到了諂媚者的奉承，因而「活在自戀當中」，跟路易十四沒什麼兩樣。

在民主制度中，多數的暴政有一個新的特點。在君主制（「獨夫統治」）中，專制會通過粗暴地鞭打身體來打擊靈魂，但民主的專制「繞開身體而直接壓制靈魂」。套用托克維爾在《論美國的民主》下卷裏的話，民主的專制是「溫和的專制」；它不是拷問和處死，而是在道德和智識上支配對方，是軟攻而非硬攻。但也不全是輕言軟語。托克維爾在一個腳注中舉了兩個多數的暴政的例子：在巴爾的摩，兩個反對

1812年戰爭[2]的記者被一群支持戰爭的暴民殺害；在費城，被釋黑奴受到恐嚇，被禁止投票。另一個例子是種族歧視，書中有一個出色的章節專門討論美國三個種族——白人、黑人和印第安人，托克維爾對此展開了詳細闡述。

這就是《論美國的民主》上卷的最後一章，也是他探討人民主權問題的高潮部分，是該書到此為止篇幅最長的章節。托克維爾說，這裏討論的話題是美國特有的，即與美國的未來息息相關的三個種族。但他更深層的意圖是通過對自豪和自由展開分析，揭示多數暴政的本質及其預防措施。

在美國，多數的暴政最令人不快的兩個例子曾經是——如今仍是——對於印第安人實質上的種族滅絕和對黑人的奴役。托克維爾研究了這三個種族，而不僅是兩個居於從屬地位的種族，因為他希望能論證暴政對於壓制者和被壓制者雙方面的影響。暴政被定義為「違背被統治者的利益」，其之所以出現在現代各民族之中，尤其是因為他們因其所受的教育而不再相信萬能的上帝，轉而相信人無所不能，擁有「決定一切的資格和能力」。

托克維爾沒有談及任何一個種族天然的或繼承的優越性。相反，區分這三個種族的是他們所展示或所

2　又稱第二次獨立戰爭，是美英之間發生於1812–1815年的戰爭，也是美國獨立後的第一次對外戰爭。

缺乏的自豪感。托克維爾稱白種人或新世界的英裔美國人為「傑出的人」，因為他們對待其他種族就像是人對待野獸一樣，他們是征服自然的人。這種人對兩個居於從屬地位的種族實施暴政，後兩者則是兩個相反的極端。野蠻獨立的印第安人顯示出極大的自豪和自由，而黑人是另一個極端，他們被壓迫和奴役，只能卑屈地模仿，毫無創造、毫無自由。兩個從屬種族的行為完全相反：黑人接受了白人的文明並試圖加入白人的社會，白人卻拒絕和排斥他們，而印第安人為其祖先感到自豪並對大自然的恩賜充滿信心，他們拒絕白人的文明，與其保持距離。印第安人熟知自由的滋味，但因為在生活中總是幻想自己是高貴的，他們既不會自控也無法自保。黑人知道如何自保，但作為他人的財產，他們毫無尊嚴，因而無法自我改善，獲得自由。這兩種極端狀況各自揭示了多數暴政濫用自豪感的結果：頑固的印第安人的命運是因為自豪感過多，而黑人的屈從則是因為幾乎沒有自豪感。白人多數如果沒有適當關注自豪感，也可能會經歷他們施加給兩個被壓制種族的悲慘命運。要想擁有自由，需要在擁有自豪感的同時具備理性，因為在民主制度中，出賣自由來換取行政效率看來總是合乎情理的。但自豪感也需要理性來節制其不切實際的幻想，並使其順服於文明。托克維爾明確表示，要順服於文明，而不僅僅是順服於專業技能。

托克維爾贊同自豪感，但他在這方面仍然有別於托馬斯·霍布斯制定的自由主義的原始形式。他的理論聲稱，為了產生文明，人不僅應該節制，必要時還應該拋棄自大。在自然狀態中，人與人始終彼此衝突，那是一場所有人反對所有人的戰爭；在那種狀態中，為了自保，他們需要把自己那些虛榮的幻想統統丟進恐懼的冷水中。有過那樣的經歷之後，無論是在事實上還是在想像中，人們就會做好準備接受文明，在文明的社會裏容忍他人，雖然不會過份屈從於他人。在霍布斯及其眾多追隨者看來，自由和自豪感是相互衝突的，他們教育文明的人必須學會反應敏銳和相處融洽。

在同一章中，托克維爾讓我們看到，他選擇了一條相反的道路。他不贊成建立一種社會契約來讓人們為了文明而放棄自豪感，而是希望人能保留其自豪感，它與自由密不可分。擁有原始自由的印第安人必須與黑人及其樂於被文明同化的意願相結合。其結果將會是這樣一種「白人」，他們因為保有自豪感而保有自由，他們能夠自保是因為他們的尊嚴不是建立在幻覺之上。這樣的「白人」當然不必是種族上的白人，而是拋棄其對於兩個從屬種族的偏見的白人——托克維爾認為他們不大可能做得到。

當奴隸制與種族聯繫在一起——在美國的情形如此，一般的現代奴隸制也都是這樣——膚色就成了奴

圖6 托克維爾的朋友及旅伴居斯塔夫·德·博蒙的一幅速寫,畫的是他本人和托克維爾(靠在倒下的樹上),以及引領他們穿越密歇根州荒野地帶的一個印第安人嚮導。

隸永遠的標誌。白人因為偏見而把他看作處於人獸之間的低等人類。自由主義者可能會斷言——《獨立宣言》也可能宣稱——人人生而平等，但這種主張實際上使得奴隸制更難廢除了，因為白人不把黑人看作具備完全人性的人類。獨裁者完全可以在美國廢除奴隸制，就像歐洲列強的殖民地都廢除了奴隸制一樣。

但是，民主的美國人以僅存在於白人之間的平等而自豪，與此同時，(甚至在美國北方)他們也懼怕奴隸的反抗。自由主義理論不能理解他們所表現的種族自豪感，這種自豪感粉飾了種族的問題，懼怕則表明他們反對種族平等，而不是像自由主義理論原本以為的那樣，贊同種族平等。印第安人反對白人生活方式的驕傲行為表明，自由主義理論想當然地認為文明自有其吸引力，而不理解人必須服從於文明。白人排斥黑人的偏見表明，儘管民主有着反對自大的強烈傾向，但自豪感並未消失，且必須加以應對，必須為它找到健全而道德的客體。很多美國人在偏見中顯示出來的自豪感必須轉變成因擁有自治的自由而生發的自豪感。自由主義者往往在其理論中假定人可以在自然狀態中平衡所有的權利主張，繼而建立一種社會契約。

托克維爾同意自由主義者認為奴隸制違背自然的理論，但這不是因為在原始的自然狀態中人人平等。他慨然疾呼，我們在奴隸制中看到「自然的秩序遭到了逆轉」。但在自然的另一種意義上，歐洲人奴役被

他們視為低等的其他種族再自然不過了——這是完全可以理解的。自然的秩序就是最優者勝，但最優者不是天生的；實際上，它要面對人類天生的自豪感帶來的重重阻隔。自由主義理論認為它已經在自然狀態戰勝了自豪感，並稱人類最強烈的情感——因自保而產生的恐懼——與自然的秩序(自然法則)有關。在托克維爾看來，這個解答倒是乾脆利落，但把問題過於簡單化了。他關於民主的思考專注於自豪感，並且他關注的不僅是反對偏見和拋棄妄自尊大(我們如今對此已經沒有異議了)，而是要完成一項更加艱巨的任務：找到治愈自豪感缺乏症的良方。民主因為自豪感的褊狹而變得彆扭起來，因為後者總是意味着某種不平等的存在，但民主又需要自豪感，特別是在民主政治中，需要自豪感來表現其自身的重要性和成就感。

在介紹完多數的暴政之後，托克維爾差不多立即就提到「多數對思想的影響」。他直言不諱地說：「在我所知道的國家當中，總體而言，沒有哪個比美國更缺少思想的獨立性和真正的言論自由。」這不是說持不同政見者就要擔心被人迫害或被燒死在火刑柱上，而是沒有人願意傾聽，人們會對他不理不睬，最終讓他閉嘴。這是一種關閉心靈的「智識」暴力，連作者發表與多數相左的意見的想法都要剝奪，比中世紀的宗教審判所更甚。為了證明這一點，托克維爾引述的事實依據是「美國還沒有偉大的作家」。

當然，托克維爾自己的著作在法國面世之後不久便在美國翻譯出版了，這顯然沒有顧及多數的意見。但他在書中數次表現出謹慎態度，不願被誤以為敵視美國或民主，尤其是在下卷的開始，他宣稱無論對那個時代的偉大政黨還是較小派系，他都不願諂媚奉承。此外，現代讀者也許會回答說，美國的偉大作家很快就會出現了：1850年發表《紅字》的霍桑(Nathaniel Hawthorne)、1851年發表《白鯨》的梅爾維爾(Herman Melville)不過是其中的兩位。庫珀(J. F. Cooper)的《最後的莫希干人》(1826)問世時，托克維爾還有時間考慮一下自己的說法是否武斷。儘管如此，他說，誰都不會願意因苛評美國人而得罪一大片，沒有一個美國人可以忍受對他的國家哪怕是隻言片語的批評。

　　托克維爾在有關出版自由的那一章論述道，見解分三種：信仰、懷疑和理性的信念。很少有人能做到最後一種；大多數人在宗教時代生活在信仰之中，在民主時代則生活在懷疑之中。托克維爾天才的悖論之一就是，他說在信仰的時代，人們在皈依時會改變自己的意見，但在懷疑的時代，他們反而會堅持自己的意見。何以如此？當人產生懷疑時，他們看不到比自己的意見更好的主張，也沒多大興趣，倔強、偏見和固有觀念本身，可能在他們看來更加利益攸關。

　　因此，出版自由不會誘惑人們生活在理性的信念

之中或追求真相、實事求是。如今的媒體聲稱人民有權知道真相，多是在唱高調。大多數人在生活中並不關心事實真相，只要有自命不凡的主觀判斷就夠了。他們是懷疑論者：「不能相信書本！」就像我們如今常說媒體總是搞錯。因此我們堅信只有自己才是正確的，沒有哪個高高在上的權威能夠評判我們的對錯。民主主義者喜歡鼓吹自己思想獨立，而他們的表現恰恰最缺少這種獨立。托克維爾指出出版自由有兩個隱秘的優點：一是創造就業，鑒於有點天分的作者都有野心，總要用粗鄙的機靈俏皮彼此相輕；二是穩定輿論，鑒於人們永遠糊裏糊塗，聽到什麼都會狐疑不已或不予理睬。

在下卷中，托克維爾討論了科學的權威性；科學試圖讓人們擁有某種理性的信念，它既非全面的系統知識，也不是無知的主觀臆斷。但在這段討論中，托克維爾既強調了出版自由「至高無上的善」，也重點討論了多數假教化之名,日益非理性地放任自流。托克維爾以其標誌性的中庸態度，將它分別與審查制度和最高意義上的理性進行比對，就這兩個參照物而言，前者更常被作為自由主義的反面。比對結果與約翰·斯圖爾特·密爾《論自由》中關於「思想和言論自由」的讚歌頗為不同，《論自由》出版於1859年，也就是托克維爾去世的那一年。

密爾是他的朋友，曾為《論美國的民主》撰寫書

評，是托克維爾最早的支持者之一，但他們在理性與自豪感的關係問題上觀點大不相同。密爾認為，普通人的偏見可以由如今被稱為「知識分子」的那些人來克服，知識分子可以引導社會發展方向而不必成為實際的統治者；他認為人的自豪感是一種障礙，而政治自由是知識進步的工具。托克維爾則認為自豪感對民主有利有弊，其弊端在於它會推崇民主多數的偏見，而裨益則在於它會在政治自由所提供的「免費學校」中糾正這一偏見。在他看來，最高等級的理性是人類自豪感「最後的避難所」，理論發現可能會引領社會進步，但理論發現本身當是目的而非手段。人類因為有了理性而不同於動物；這是自豪感的理性基礎，有能力擁有最高理性的人應該認識到這一點。但大多數人在大多數時候只會應用理性來驕傲地捍衛其偏見。自由媒體的任務和使命就是傳播偏見。

平等與相似

　　非形式的制度背後是非形式的輿論主權。托克維爾在這方面同意密爾的觀點，但他遠不如密爾那般樂觀。密爾認為，輿論可以被他自己這樣的知識分子引導，從而開啟民智，而托克維爾雖然同意少數人比多數人更開化，卻認為知識分子更有可能受到輿論的引導，而不是引導輿論。如果他們試圖像密爾那樣說教和勸導，則不會有人聽從；他們會被迫為輿論服務。

密爾等民主知識分子往往比民主的民眾更加民主，但另一方面，他們會將自己排除在民眾之外，以民眾的導師自居。誠然，正如托克維爾在《論美國的民主》的緒論中所說，他本人也力圖「對民主加以引導」。但他的引導方式是對其利弊進行坦率的分析，同時伴以無聲的讚美，而不是為民主爭辯並斥責反對者。他沒有滿腔憤慨，而只是將民主制與貴族製作了冷靜的對比。

比起貴族制，輿論在民主制度中發揮着更大的力量，因為在這裏人人平等，或自認為平等。沒有哪個個體或群體的權力大過人民，因此，沒有人會公然站出來反對人民，而這在貴族制社會可不算少見。輿論統治的依據是民主的社會現狀，這是個托克維爾式概念，既先於政治，又由政治所決定。在民主制度中，輿論是實際的統治者，但它看起來並非如此，因為輿論沒有一個清晰可辨的代表，人人都必須洗耳恭聽。輿論當然是由知識分子、政客和新聞記者形成的，但因為人人都聲稱順從輿論，所以無人承擔責任。當輿論發生反轉，贊成和反對的比例顛倒過來，它不會有任何解釋，因為它不必對任何人負責。有人會試圖詮釋輿論，但輿論不會挑明他們是否正確。輿論的主權決策不取決於理性，人們也無法反對這些決策，說它們前後不一或目光短淺。輿論總會被人聽到，但它不想聽的時候就不會聽取任何人的意見。

民主的輿論依靠的是平等，但這種平等的性質有待考察。民主如何應對顯而易見的天然的不平等？在民主制度中，每一個人都認為自己與他人平等。這種平等的想法比不平等的事實更加強大有力，因為它可以憑空臆造出平等。你的鄰居可能會比你富裕，但如果你認為他和你是平等的，那你們就是平等的。托克維爾使用了人的相似者(semblables)——看上去和自己一樣的人——這一概念來表示民主輿論的創造力。你的鄰居並非和你完全平等，但他看起來和你沒有兩樣，無論他是否比你富有、美麗或聰明。這樣一來，你就可以平等對待他，也就是說你們之間的不平等並不能賦予一方高於另一方的任何權力。

　　應該把相似者這個概念應用到托克維爾關於民主革命使人們的身份更加平等這一說法中，某些讀者反對這個說法，因為這似乎無視一個事實，即在我們所謂的「民主制度」中，仍存在明顯的不平等。但我們所謂的民主制度的確就是民主制度。民主制度是平等者和不平等者共同的統治，兩者都認為自己與對方沒什麼兩樣。人們所理解的平等是事實上的平等而非抽象的平等，後者即便存在也不多見，也就是自由主義理論家所構想的自然狀態。托克維爾用約定俗成的平等，也就是人們認為自己和他人沒有什麼兩樣，取代了那種所謂的人類自然平等。而相似者之間約定俗成的平等並非簡單武斷的概念；它的基礎是人類天性

中的自豪感，有了自豪感，每一個人都覺得自己很重要。既然人可以因為比他人優越(貴族制)而自豪，當然也可以因為沒有誰比自己優越(民主制)而自豪。

當人屈服於輿論時，他不是屈服於某一個看似擁有超越他的權力的特定個人或群體。輿論的這種曖昧特性不但保護其自身免遭指責且無須承擔責任，而且使得它既得權力之實，又無須承擔權力之名。民主的民眾之間的相似性使得民主制看似天經地義，即使其在相當大的程度上因襲了傳統。托克維爾承認人類天性與人類傳統之間的差別，但他並未嘗試按照自由主義理論的方式銳化這一差別，將二者對立起來、彼此敵對，相反，他將天然的和人為的事物進行了調和。

在民主輿論的運作中，自豪感既受到了褒揚，也遭到了貶抑。當一個人與他人進行比較時，他會因自己與他人平等而感到自豪，但隨後當他將自己與「相似者的全體」這樣一大群人進行比較時，就會感到自己無足輕重而頗受打擊。因此，群情「就會對每個人的精神施加巨大的壓力」，包圍、指揮、壓制着他。人們彼此之間越相似，個體在大家面前的自我感覺就越弱小。當他和多數人意見不同時，他首先信不過自己，以至於多數人「根本無須強迫他，說服他即可」。托克維爾說，這就是民主制度中鮮見大規模革命的原因。生活在民主中的各族人民既沒有時間也沒有興趣去徵詢新的見解；他們只願意接受自己熟悉的事物，無論對錯，也不管屈從於多數會令尊嚴蒙羞。

物質富足

在輿論的表象之下，是人們對托克維爾所謂「物質富足」的喜好。他第一次使用這個短語時，是在談及它對政治見解的影響，這在來到美國發跡的外國人身上尤其明顯。托克維爾在旅途中遇到過一位法國同鄉，他在老家時曾經是個熱心的財富平等主義者，但在美國的成功讓他學會了像經濟學家或唯物主義者那樣對財產權津津樂道；隨着財富日漸增多，他的觀點改變了，其本人也不再是平等主義者；托克維爾提出了唯物主義的哲學教條和大眾對物質富足的喜好之間的聯繫——這看來或許有些牽強。在美國，教條和喜好各自都有一股非形式的力量，在民主生活的若干階段，它們傾向於造就一種無趣而軟弱的庸才。托克維爾在下卷用連續七章的篇幅來討論這一喜好，但在上卷的緒論中，他就已經嚴厲譴責了這一教條，還說那些「將人全然物化」之人無禮、竊據又卑劣。

從這個未提及姓名的法國人的例子來看，在美國，對於物質富足的喜好似乎變得對上述教條有利了——以至於像馬克思主義鼓吹的那樣，經濟利益或階級決定了人的經濟觀念。但托克維爾沒有採納這個思路。他堅持認為，對物質富足(在下卷中也稱作「物質享樂」)的喜好源自民主制度。這有着更深刻的政治原因而非經濟原因，並非源自馬克斯·韋伯(Max Weber)所說的資本主義或資本主義精神。這種喜好是

什麼？托克維爾討論了它的特點，並將它和明顯與之對立的靈魂聯繫起來——在美國的民主制度中，物質富足中存在着某種非物質的因素。民主的靈魂自身的桀驁難馴的天性就是源於對物質富足的喜好。

美國人的確對物質有一種喜好，這來自他們非比尋常的處境，而在其他各民主國度中都看不到這種處境；托克維爾借此機會表明，他不認為美國可以成為他國效仿的榜樣。美國的這種喜好如此極端，以至於人們必須實地探訪，親眼看見它所發揮的威力——這是托克維爾說的第二件必須親眼看見才能正確認識的事，第一件是在美國建立社團之便利。在討論三個種族時，他說北方的白人把物質富足作為其生存的首要目標，這表明並非所有人一致認為物質享樂極端重要。而儘管存在這些限制條件，托克維爾仍然斷言，平等以某種「隱而不見的力量」，使得對物質富足的熱愛(而不只是喜好)和與之相伴的「只愛眼前」佔據了人心。

這種「隱而不見的力量」是什麼？在下卷論及對物質富足的喜好的那一章，托克維爾再次比較了民主制度和貴族制度。貴族階層鄙視物質財富，他們不需要什麼生活必需品，而民主主義者沒有物質富足就很難生存。在我們的時代，不妨想像一下現代上下水管道，一切民主社會都將其視為必需品。物質富足處於富有和貧窮之間；窮人想要擁有，富人卻不怎麼以孜

孜追求它為榮；它隨着中產階級的成長而傳播開來。
人們要努力才能實現富足，又充滿焦慮地沉迷其間。
這是一種堅韌持久、痴迷專一而普遍存在的激情，但
也不乏靈魂固守的次要目標。它驅使着民主的人們需
索無度，但它本身又受到壓抑，托克維爾說他對平等
的不滿之處倒不是它讓人們失去自制力，紛紛去追求
禁忌的歡愉，而是它把人們完全吸引住，讓他們一味
尋覓合法的享樂。「他們會走向疏懶，而不會走向荒
淫。」對於物質富足的喜好是誠實而正派的，但那只
是因為它缺乏雄心：「無論惡行還是美德，都不能偏
離公共尺度。」

　　要得到這個世界上美好的事物——這種正派的慾
望是美國最主要的激情，卻非唯一的激情。在這樣的
語境之下，托克維爾突然提出了關於靈魂的話題，既
中和了這種最主要的激情，也解釋了其隱而不見的力
量。他凝視着自己描繪的這幅圖景——巡迴傳教士在
西部的荒野中找到了教眾，讓他們表現出在歐洲見不
到的「狂熱的唯靈主義」——揭示了有關人類天性的
真相。他說，人擁有對無窮和不朽的熱愛。這些崇高
的本能並不由人的意志產生，而是牢牢扎根於人的天
性。人可以壓抑這種愛好，可以改變它的形式，卻無
法根除它。感官的享樂無法讓靈魂得到滿足；它有自
己必須滿足的需求，否則不管人們怎麼用感官享樂去
分散靈魂的注意力，它很快就會感到無聊、難耐和焦

躁。美國人桀驁難馴或焦躁不安的方式令人想起了帕斯卡的哲學，他是托克維爾心目中的英雄之一。

這對於「不言而喻的私利」這一美國教條意味着什麼？在談及人類天性中對不朽的熱愛時，托克維爾暗示，人無法完全理解源於自身的一切。大自然是這種熱愛的源泉，而且，是大自然，而不是人，創造了自我。此外，對不朽的熱愛甚至可以看作那種最主要的激情的延伸，因為一旦對物質所得不滿，它要打破「肉身的沉重枷鎖的羈絆」時，不斷獲取的慾望就會轉變成對不朽的熱愛。這樣一來，物質利益就被一股更大的力量移除了，這股力量來自托克維爾所謂的「人的非物質利益」，它是「不言而喻」的私利的巨大延伸。這種廣義的私利通過「物質紐帶」，即人的時空環境，與自我綁定在一起，但其非物質的真義卻高於自我。就連美國人也默認他們對物質財富的熱愛無法讓他們得到滿足——雖說超越唯物主義體驗的人鳳毛麟角。靈魂自有美國人不理解的需求，因而當靈魂擺脫了物質利益，它便無拘無束，越過常識，奔向無窮。

平等物化了人，因為它推翻了壓迫人民的所有貴族權威，那些權威會引導或強迫他們寄希望於未來，或者為了長期的目標而犧牲自己的物質利益。民主主義者只活在當下；他們的心思全在眼前。而眼前又有什麼無須引導或犧牲就能看到的東西呢？物質財富。

問題在於，人們獲得的物質財富會激發貪慾，讓他們更加不滿而不會知足。在民主制度中，人們可以自由遷徙、跳槽、搬家，並且由於美國人心儀世上美好的事物，總是多多益善，他們必須時刻行動、永不停歇。沒有法律或風俗限制他們留在當地。因此，美國人嚴肅而憂傷；他們不能得償所願；生命太短，而選擇太多。

誠然，美國人既有對物質富足的喜好，也不乏對自由的熱愛和對公共事務的關心，但它們之間沒有必然的聯繫。行使政治權利往往並不方便，因此私利會讓人忽視自己在世上的主要利益，即在人民主權內部始終自己做主。追求財富是理所應當的，但如果這讓人「荒廢了人在精神領域最寶貴的能力」，那麼他就會因汲汲於追逐眼前富貴而自甘墮落。「危險正在這兒，而不在別處。」

伴隨着這一段評論，托克維爾展開了對於唯物主義教條的討論。他說，唯物主義「不管在哪個國家，都是一種人類精神的危險疾病」，但在民主國家尤其可怕，因為它會與民主國家「最常見的人心之惡」完美地結合在一起。唯物主義本身並不是民主社會獨有的，在貴族制的時代當然也有唯物主義者。一切唯物主義者都讓他不舒服，因為在他看來，唯物主義的教條是有害的，驕傲的唯物主義者也令人討厭。雖說現代唯物主義與民主制度相伴相生，但唯物主義教條教

導人們不要關心政治和道德。人們或許試圖從唯物主義中提取出一種似是而非的道德教義，告訴人們因為人這種物質不比其他物質優越，人應該有自知之明。但事實正好相反，唯物主義者愈發自以為是地宣稱人類與獸類無異，表現「出來的那股傲氣就好像他們證明了人就是神一樣」。

托克維爾說，立法者工作的本質就是正確認識人類社會特有的傾向，從而瞭解在什麼時候支持公民的努力，什麼時候阻止他們。在民主國家中，立法者和所有誠實、開化的人應該使同胞的靈魂變得高尚，把他們的注意力轉向天堂，他們在美國正是這樣做的。他們應該竭盡全力讓唯心主義觀念盛行於世，但這並不容易。蘇格拉底和柏拉圖戰勝了古時的唯物主義者，雖說他們的著作存留至今，而古代唯物主義者僅有隻言片語傳給後世，但他們有此盛名仍當歸因於人們對人類非物質性靈的讚美。這不能證明唯心主義就是真理，但根據托克維爾的論述，唯心主義能夠證明自身的最好證據似乎就是人們相信它的真實性，也就是說，我們需要探討人性以及人希望自己的生活或生活目標能夠超越物質——到達精神層面。

這樣一來，要想讓人們知道自己有着非同尋常的價值和非同尋常的責任，唯一一個簡單、普遍、實用的辦法，就是讓他明白自己有靈魂，特別是讓他明白，靈魂是不朽的。這就需要傳授宗教。但托克維爾

身為自由主義者，只希望能提升宗教，使之保有唯心主義的榮光，並不想建立一種正式的哲學或教派。如果教會政治化了，就會獲取世俗的利益，失去其道德力量，從而也失去了政治力量。托克維爾說出了一句名言：為了維護基督教，「我寧願把教士關在教堂裏，也不願他們走出教堂四處活動」。在民主國家，其結果是對物質享樂的慾望與宗教之間發生了爭執或衝突。爭執是托克維爾希望繼續下去的，因為它源自人的內心，它可以同時承載「對塵世幸福的喜好和對天國幸福的熱愛」。人心能夠跨越民主制度和貴族制度之間的差別，托克維爾堅信人心自有寬廣天地，因而對民主制度中的唯物主義充滿厭惡。

第四章
民主的專制

　　民主制度的最大危險來自民主制度本身。為了看清這一點，我們必須回過頭，看看《論美國的民主》兩卷之間最引人注目的區別。在上卷討論了人民主權之後，托克維爾的觀點在下卷中顯然有所轉變。他不再談論人民主權，而是提到了一種新的「個人主義」，它顛覆了人民自治的自覺意識，並引介了大政府這一「巨大存在」；他不再談論多數的暴政，而是描述了由那種政府造成的新的「溫和的專制」。這一觀點轉變的證據是：他在上卷中沒有使用「溫和的專制」這一措辭，而在下卷中則不再提「多數的暴政」。大體上我們可以這樣描述他的轉變：起先他認為民主制度的主要危險體現為主動壓迫的多數暴政(以奴役黑人為例證)，後來則認為其主要危險是一種溫和的專制，在這種制度中，多數被動地放棄了專制者特有的固執、浮躁和自大的本質，變成「一群膽怯而又很會幹活的牲畜」。

　　看到托克維爾的觀點中出現了這類措辭和含義的變化，某些學者甚至聲稱，上下兩卷討論的是截然不

同的「兩種民主制度」，因而將上卷稱為《1835年民主》、將下卷稱為《1840年民主》已成慣例。這也許有些過份。本書上下兩卷出版時間相隔五年，托克維爾當然有時間重新思考。他曾在一封信中承認確有一些差別，上卷談論得更多的是美國這個民主制度的舞臺；而下卷更多的是民主制度本身——但這只是討論重點的變化而非觀點的變化。他在下卷開篇的「聲明」(Notice)中倒是給出了更權威的解釋：「上下兩卷相輔相成，合為一部著作的整體。」

托克維爾的這句話明確否認了上下兩卷不連貫的看法，稱它們只是有些差異，並由讀者去注意這種變化，自行判斷。他在上卷描述多數的暴政時已經說過，這種暴政最糟糕的是對思想的暴政，而不是對身體的暴政。或許在他的論證中，非形式的民主制度發展成熟，本來就會成為新的民主專制，而不是他的觀點發生了徹底轉變。

托克維爾在下卷「聲明」部分進而說道，他曾在上卷中討論了法律和關心政治的民情，在下卷中他將要討論「公民社會」，意指不直接與政治相關的情感、見解和關係。但它們最終還是關乎政治，因此，在下卷的第四部分，他再次討論起它們對於民主政治的影響。民主制度不僅僅是政體形式和上卷中描述的美國人的社會現狀，它還是一種生活方式，是社會存在的目的。下卷論證了民主制度的終點或目標會是個

什麼樣子。托克維爾在這裏說出了前文中沒有明確說過的話，他既不是民主制度的反對者，也不是它的佞友，因此才會直言不諱。他抨擊的主要目標不是民主制度的貴族敵人(他斥之為遺老遺少)，而是它那些愚蠢的朋友，相關討論尤見於下卷第一部分關於民主的知識分子的章節。

民主的知識分子

前文強調過，托克維爾推介的美國的民主注重實踐，是在實踐中自學成才的民主，而不是一套空泛的哲學思想。但他在下卷的第一部分卻轉向了哲學，目的不是考察哲學對民主的影響，而是民主對哲學、對「美國的智識運動」的影響。這是「智識運動」一詞較早出現的一處，或許是第一次出現；他用的是單數形式，而不是我們如今常用的複數形式，表示他想看看民主的頭腦是如何思考的，以及它是否思考。他曾說民主是「不可抗拒」的，也就是說不能反抗民主，但事實證明，有一群民主的所謂「朋友們」對這個詞的理解完全不同。他們認為，人類別無選擇，只能屈服於客觀的強大力量，這種力量能夠決定他們的生死，使他們全無可能朝向民主自由的目標發起主動的、有意識的(「智識的」)運動。

他們是誰？托克維爾寫到了他認為有害的兩類知識分子：泛神論者和民主歷史學家。但在討論開始之

際，他挑選出17世紀的法國哲學家勒內·笛卡兒一人特別作了一番描述。他說，與文明世界的任何其他地方相比，美國人對哲學的關注較少，但所有的美國人在智力思辨時使用的都是同一種方法，那就是依靠個人努力和評判，而這正是笛卡兒的方法。正是在美國，笛卡兒的規誡被「研究得最少，卻執行得最好」。美國的民主社會現狀既讓美國人疏遠哲學，又讓他們傾向於接納笛卡兒的原則。在那種狀態下，人們既不會堅持傳統，也不會接受階級的觀念；他們不認為有誰比自己優越，他們只相信自己。

這麼看待笛卡兒有些奇怪，笛卡兒通常不被看作政治哲學家，當然也不是個民主主義者，而托克維爾卻宣稱笛卡兒是民主「方法」(笛卡兒自己的措辭)的創造者，儘管他本人無意為之。這麼看待美國人也很奇怪：說他們受制於一位他們從未讀過的法國哲學家，或者生活方式與其觀點暗合。笛卡兒最著名的學說是質疑權威，除了他的名字不為美國人所知之外，他本人就是美國的權威。他對於權威的攻訐變成了為個人主權辯護的權威。很難說托克維爾讓笛卡兒變得更可笑，還是讓他無知的美國思想家同行們顯得更荒唐。笛卡兒關於「清晰分明的觀念」的哲學被歸結為每一個不懂哲學的美國人的笨拙主權，他們居然根本不需要閱讀笛卡兒的著作就能瞭解他最核心的思想。而美國人不無荒謬地在人民中間樹立了一個權威，如果他

們真的追隨笛卡兒的教義的話，這個民族應該是充滿懷疑的。如此庸俗而矛盾，這到底是什麼樣的智識運動？

為解釋清楚民主的頭腦，托克維爾深入思考了人類生存狀態的本質。與本能或自發的活動相反，所有的智識運動都要求人自己動腦進行判斷。自己動腦意味着懷疑現有知識的權威性。然而如果說思考的目的是行動，人就必須壓抑自己的疑慮。誰也沒有時間或能力自己把一切想得徹底通透，如果沒有共同行動和共識，也沒有哪個社會能夠存續。就連哲學家也需要作假設，因為沒有誰能一下子把一切都想個明白。

托克維爾從對權威的需要輕易過渡到對信仰的需要，因為社會和個人都必須接受信仰的「初始基礎」，信仰實際上是一種奴役，但卻是一種必要的「有益的奴役」。笛卡兒和複製了笛卡兒哲學的民主社會現狀都誇大了人類理性的力量。理性不能代替權威，構建起個體的自治。人類的理性所能做到的不過是把貴族制的權威轉變為民主制的權威——但它的確能做到這一點。人不是像霍布斯和洛克設想的那樣，最初生存在毫無權威的狀態中，天生便「絕對自由」。民主制度並非產生於沒有權威的自然狀態，而是由否定任何高於自身的人或階級之權威的民主主義者們創造出來的。在這個過程中，每個人都體會到了與他人平等的自豪。而與此同時，在所有其他個體組

成的「大整體」面前，每個人也都深切感受到自身的虛弱和卑微。因此，民主的權威對於頭腦有兩種相反的效果：它否定傳統和風俗，給頭腦帶來新的思想，與此同時，又誘使頭腦面對輿論時放棄思考。

托克維爾從對信仰的需要得出結論：民主的頭腦喜歡歸納。他認為這是個弱點。上帝能夠同時看到萬事萬物的異同之處而無須歸納，但人卻需要將相似的事物集合為同類以便思考。比起他們的「英國祖先」，美國人更喜歡籠統的觀念，那些「英國祖先」是美國遠在英格蘭的貴族制往昔，與反對英國貴族制度的清教徒們的民主起源截然不同。貴族天生厭惡共性，偏愛一次只考察一個或少數幾個人，但民主主義者則培養出一種懶惰的對共性的熱愛，因為他們的出發點就是這樣一個明顯的事實：周圍的每一個人都差不多一樣──那些人和自己沒什麼兩樣，都是相似者。民主的平等產生了輕率歸納的思考習慣和對深刻見解的恐懼。這個民主的弱點促使托克維爾重新討論了宗教。在上卷中，他考察了宗教對民主制度的促進作用，表明了宗教如何「教導美國人掌握行使自由的技巧」。在下卷中，他轉向了宗教的真相。

宗教讓美國人從懷疑中解脫出來，這有助於他們用頭腦思考。笛卡兒的哲學強調了懷疑的必要性，特別是對宗教的懷疑，但在托克維爾看來，宗教把民主的人們從懷疑產生的一片死寂和麻痹中解救了出來。

人需要「對上帝、對自己的靈魂乃至對他們對造物主和自己的同類應負哪些一般義務，都形成一種確定不移的觀念」，因為如果沒有這些，他們就只能聽天由命，任憑生活混亂失序而無能為力了。宗教是「對人的心智的有益的束縛」，即使宗教不能使人在來世得報，它也可以幫助他們在今世得到幸福和變得高尚。它為那些最重大的問題提供了答案，如果沒有這些問題，缺乏獨立思考能力的人將會淪為不事思考的懦夫。

笛卡兒或者任何哲學家都會說，跟信仰相比，懷疑能體現出更大的自覺和自由。在讀柏拉圖時，看到蘇格拉底所說的大多數人都被囚禁其中的洞穴，我們大概就不會覺得托克維爾所謂「有益的束縛」那麼討喜了。但托克維爾的觀點正好相反，他認為對大多數人而言，懷疑會讓他們變得因循苟且，因為懷疑本身就是在質疑事物發生的規律性或可預測性。如果人們認為天命支配人事，他們就會聽任萬事順其自然而不以理性、自由的行動來進行干預。宗教則向我們保證一切並非全憑機遇，並讓我們堅信，人類的意願可以實現，人類的行為是有意義的。

有人可能會提出異議，理由是這樣仍然是在以其功用來評判宗教對心智的影響；但我們可以這樣來回應這種質疑：如今用來評判宗教的乃是人的頭腦指導行動的功用。宗教之所以有利於民主制度，是因為它啟迪了與物質享樂相反的本能，還因為在這個過程

中，它教會了人們對他人承擔義務。在這兩個方面，宗教都是自由所必需的。托克維爾說，他日益堅信「〔人〕要是沒有信仰，就必然受人奴役；而要想有自由，就必須信奉宗教」。考慮到舊的自由主義對信仰的敵意，這的確是一種「新式自由主義」。他把宗教看作哲學的公共形象，是哲學的朋友而不是敵人，它保證哲學不致造成無意的傷害——如果不加以干涉，哲學的確可能造成無意的傷害。

泛神論是一種宗教哲學，像斯賓諾莎哲學體系一樣，它是一種將上帝和宇宙、造物主和萬物全都包含進一個單一整體中的「哲學體系」。就是說，上帝造物是別無選擇，上帝同時是造物的因和果。也就是說，人既無法被其頭腦所指令，也無法像清教徒那樣成為初始動因，也不比非人類的大自然更加自由。泛神論不僅是民主思想的一種表達方式，就像一個籠統的觀念抹殺了自然界的一切區別，否認人類在自然界擁有任何特殊地位；它也是對民主思想或有關思想的任何概念的攻擊，因為它否認人類能夠通過思考或思之而後行而成為萬物之靈。

泛神論是科學客觀性在邏輯上的極致——它並沒有偏愛人類——並且說來也怪，它也是民主平等的極致：整個宇宙都是民主的。

而在這一小段關於泛神論的重要討論之後，托克維爾立即提出了進步的概念，他稱之為「無限完

善」。它與泛神論有什麼關係？進步是民主思想主要的積極信念，儘管它也保持着懷疑的姿態和盲目的聽天由命的傾向。進步看來是有意識地改善現狀使之變得更好，它似乎是托克維爾考察的「智識運動」的一個主要例證。這樣一來，進步就是人類特有的能力，能夠把人和其他動物及萬事萬物區別開來。造物因此而不再是泛神論所斷言的「單一整體」，而是一個複雜的整體，其中包括一種不同於其他萬物的生物，它能夠改變和重新創造，即獲得進步。進步的觀念與泛神論相悖，不過兩者都是民主思想的表達方式。泛神論想要對一切差異和區別一概而論，但進步的觀念則認定民主的人應該格外看待，為的恰恰是對那個將事物一概而論為泛神論的民主思想表示尊重。民主主義者認為，實際上，一切從本質上都是平等的，但提出這一主張的民主主義者除外。

在進步觀念的內部也存在這種矛盾。托克維爾說，平等向美國人暗示了人可以無限完善的觀念。平等只是建議但並未迫使民主主義者相信進步，因為強迫會貶損人類創造、構想以及發揚更好的生存或行事方式的尊嚴。民主的進步為何是無限的？貴族制度中也有進步，但那是有限的；它是朝向完善的改進，或是在「一定的不可逾越的界限之內」的進步。進步無法超越完善，而且由於人類是不完善的，進步充其量不過是接近完善。

民主制度追求的不是完善，而另有其事：「一個理想的但又總是轉瞬即逝的完善的形象」，一個只能渺茫地瞥見終點的「偉大目標」。他們不知道完善是什麼，但也不否認完善的存在。他們沒有哲學修養，因為他們否認自身之外的任何邏輯或真理，但與此同時，他們又遵循着無限完善的「哲學理論」，這種理論承認精神可以支配物質，但把進步的能力歸功於每一個人和每一個時代。托克維爾講了一個美國船員的趣聞，此人解釋說他們國家的船之所以不耐用，是技術進步太快，老船很快就不堪再用了。在美國人看來，完美的船根本就不存在，但在某種程度上，雖然不知道何為完美，人們卻稀里糊塗地知道，新的就是更好的。

因此，民主的頭腦有一個進步的理論，但它輕視關於完善的純粹理論，而偏愛將理論應用於實踐。「平等讓每個人有了凡事自行判斷的願望，讓他在看待一切事物時都更偏愛真切的實體，而輕視傳統和形式。」在民主的永久喧囂中，人沒有閒暇去苦思冥想什麼「最純理論原則」，他們沒有什麼見解去表達在貴族制中一度被珍視的「人的尊嚴、力量和偉大」，而他們的頭腦又傾向於熱愛真理。托克維爾警告說，進步有賴於純粹理論的發現，但在一味追求進步的社會中不大可能會有這類發現，當然也並非全然不可能。進步來自那些擁有「對真理的無私的愛」的人，

而不是熱愛進步的人。看來，科學與其說是科學的方法——美國人的方法——還不如說是對真理的熱愛。美國人在其智識運動中並不知道前進的方向，對純粹科學所必需的「對基本原因的思考」也不怎麼看重。「在我們這個時代，應當讓人的精神重視理論」，因為民主的頭腦偏愛實踐，不在意獨立、深刻的思考。在《論美國的民主》的這一部分，托克維爾對理論頗有褒賞，雖說這在本書其他地方都不太明顯，但從未缺席。在大多數情況下，他只是敘述理論，隨後或褒或貶說上幾句，但在此處，他索性以民主導師的身份提出了建議。

托克維爾隨後注意到，美國人在培養技藝時雖然並非對美視而不見，卻更偏愛實用而非美感，並且希望美的事物同時也能有用。但他隨後評論了美國人的製造精神，表達了一個不太明顯的觀點。與貴族時代旨在製造盡可能完美的產品的生產技藝不同，美國人生產的產品基本上都屬平庸，但每個人都能夠擁有那些產品。這是一種節儉而理性的平庸態度，他們的格言是「夠用就行」，而且他們發現，薄利多銷可以致富。然而，或許會有人問，如果美國人並不認為既然做了就要做好，那麼他們又是如何完善產品的呢？要想提高產品質量，即使平庸的產品也需要用最好的產品作為榜樣。托克維爾讚美了拉斐爾的繪畫，他似乎認為這位文藝復興時期的畫家是個貴族，因為他的作

品讓我們「得以瞥見神性」。這樣的神性超越了人類的完善，又啟發了人類走向完善，這是民主的進步所必需的，但神性又不太可能出現在民主的時代。

在這裏，托克維爾提出了在民主制度中偉大存在於何處的問題。在民主制度中，個人是弱小的，但國家或民族是偉大的。私人可以生活在小型居所中，但他們通過公共的紀念性建築物來想像和表露出對偉大的嚮往。美國人為自己建造了一座巨大的人造城市(華盛頓特區)，在托克維爾的時代，那裏的人口不比法國的一個小鎮多到哪去，因為民主國家一般會建造很多的小型公共紀念性建築物和區區幾座大型建築物，不會建造中型建築物。在民主制度中，偉大是一個體現着宏大想像的工程，在接下來的章節裏，托克維爾討論了各種形式的民主言論，尤其關注其特有的誇張和自大。這些都是民主知識分子自我表達的方式。

在文學界，民主的作家鄙視貴族制度所看重的風格的形式特質。民主的文風藝術性較弱，卻更大膽和強烈；不夠精深廣博，卻有着更強的想像力和表現力；他們力圖驚世駭俗而非愉悅讀者，充滿激情而非品位不凡。偉大的作家鳳毛麟角，思想販子卻成千上萬。古代作家們苛求細節，其作品需要有眼光才能讀懂，民主社會已經不再去深入研究他們的作品了，因為這裏的教育更注重科學、商業和工業，而不是文學——但托克維爾補充說，這些學科對那些希望

在文學上有所建樹的民主主義者倒是一種「有益的膳食」。民主的民族的語言反映了他們對動態和創新的渴望，對任何傳統和專制的厭惡，以及對抽象的熱愛。民主社會的詩歌對古老的和描述理想的一切都有一種本能的厭惡。相反，它展開雙臂迎接未來，追求宏大的目標，如全人類的命運。與貴族社會相比，民主社會的演說往往言過其實，民主社會的戲劇則一貫「更為振聾發聵、通俗易懂和貼近生活」。

但在討論言語的章節結束之後毗連的兩章內容則揭示了民主社會知識分子共有的那點可憐的自負：如果人人平等，那麼人還有多重要？為了回答這個問題，托克維爾對民主制度和貴族制度進行了特別生動的對比。他說，貴族時代的歷史學家讓某些人的個別意志和一時興致來決定所有事件的發展走向，但在民主時代，歷史學家一般而言幾乎不會將歷史歸因於任何個人的影響，對於特定歷史事實，他們會總結出主要的一般原因。托克維爾承認在民主時代，個人的確作用不大，所以一般原因確實能解釋更多的東西，但這種解釋很危險，因為它們把個人成敗交給了僵化的天意或盲目的命運。它們暗示既然人不能主宰自己的命運，那麼人也就不是歷史事件的主角，繼而就是不自由的。民主時代的歷史學家看來是下定決心要證明進步不是人類自覺、自願實現的目標：「古代的歷史學家教導人們自主，現代的歷史學家只教導人們如何服從。」

然而這些歷史學家本身倒顯得很偉大，像是要拋棄他們描述的一般原因，自滿地傲視那些沒有意識到推動其前進的力量的其他人類。接下來關於美國的議會辯才的一章看似與歷史無關，但實際上論述了同樣的觀點。貴族議會的成員都是貴族，如果無話可說，他們也無須證明什麼，甘願保持沉默。美國的情況則相反，代表都是無名之輩，時常迫於需要而努力爭取並顯示自己及其選舉人的重要地位，滔滔不絕地發表一些脫離實際的高談闊論。民主時代的代表們總說自己很重要，其在精神上與認為人的力量微不足道的民主時代歷史學家相抵觸。民主時代的人看來擁有一種對榮譽的渴望，這是一種想要生活在貴族時代、作為大人物而備受擁戴的渴望，而他自己對此一無所知。他那善於歸納的頭腦整日忙着證明民主制度的優越，與他那個要證明自己傑出的個人頭腦並不合拍。

民主個人主義

　　托克維爾從思想轉向「情感」，考察了民主的心靈所特有的感情。其中主要的一種感情是他稱之為「個人主義」的無力感。這是個我們如今每天都能聽到的詞，它有好幾個層面的意思，通常用作褒義，比如「吃苦耐勞的個人主義」。托克維爾並不是這個詞的首創者，但他卻是第一個重視和強調這個詞的人。他對這個詞的定義不同於「自我中心」或「自私」，

那可是被普遍視為道德缺陷的嚴重自戀。個人主義是一種民主時代的情感，它是反省的、溫和的，讓每一個公民得以脫離芸芸眾生，回歸家庭、朋友和自身。這種情感伴隨着對平等的熱愛，在民主時代這種對平等的熱愛總是要比對自由的渴望更加強烈，但究其本身，與其說它是一種激情或一種缺陷，倒不如說是一個錯誤的評價。那種評價源自民主社會現狀，恰恰是泛神論者和民主時代歷史學家教導的東西：個人無能為力，需要服從非人性的巨大力量，而公共美德是徒勞無用的。在貴族社會中，等級制度是牢固地連接人與人以及現在與過去的紐帶，民主社會則不同，它把所有的人放在同一個層面上，人們抽象而虛弱地把自己的善意延伸到全體人類，但實際上他們只對自己身邊的人感興趣。

美國人沒有經歷過民主革命，他們的個人主義弱於民主的歐洲各族；用托克維爾的話來說，美國人有巨大的優勢，「天生就平等而不是後來才變成平等的」。他們瞭解自己的個人主義，因而用自由結社和不言而喻的私利這一怪誕的道德教條來與個人主義作「鬥爭」，這兩點他在上卷中都討論過。社團讓人們從個人主義的安逸享樂投入到公共活動中，在促進公益的同時，追求私利、實現抱負。

托克維爾所說的教條還是「不言而喻的私利」。他說，這是美國道德家們為美國人規定的原則，是

「一切哲學理論中最符合當代人需要的理論」。它切合人的弱點，通過個人利益來控制個人：「掌握能對激情產生刺激作用的因素，因而能引導激情。」然而不管該原則設計得有多精巧，托克維爾在將民主制度與貴族制度比較之後，仍然表達了他的懷疑態度。在貴族制度下，人們嘴上談論着美德，私下卻在研究它的用處，而在民主制度下，關係反轉，美國的道德家們對美德懼而不談。美德可能需要犧牲，民主道德家們不敢建議人們犧牲，只好引美德存在於私利之中為例，並將其延伸，使之成為一條一般原則。托克維爾沒有提到任何美國道德家的姓名，而只引述了蒙田，但說到宣揚不言而喻的私利的美國道德家，最著名的當屬本傑明·富蘭克林(Benjamin Franklin)了。富蘭克林在《自傳》中就示範了如何在出人頭地的過程中只是盡力幫助他人，深藏起自己的雄心抱負。

托克維爾在分析中突出了一個微妙的觀點，這個觀點富蘭克林也曾提出，但不是非常醒目。他表示，並不是說在美國，私利需要把自己粉飾為美德——那種虛偽在哪個人類社會都稀鬆平常，而是在美國，美德需要把自己假托為私利。在民主國家，主張美德就是在眾目睽睽之下顯示自己比「相似者」強，因而招人嫉恨。托克維爾說，美國人「寧願將榮耀歸於他們的哲學，而非歸於他們自己」，也就是說，他們寧願承認而不是否認自己是為了私利。「將榮耀歸於他們

的哲學」就意味着讓真理生輝。但真理從何而來？顯然不是來自個人。私利原則不是來自私利本身，而是來自對於真理的無私追尋。這就是美國人的自相矛盾之處；這其實是在表明他們的行事依據是原則而非利益，不管他們如何否認，這都是在往自己臉上貼金。托克維爾在讚揚美國人踐行政治自由時，就與他自己所說的美國人的做法完全相悖：他把榮譽歸於美國人，而不是他們的哲學。

不言而喻的私利不但自相矛盾，而且還過於抽象。它暗示了普遍的人類「自我」的存在，這種「自我」永遠以同樣的方式行事或反應。然而，托克維爾認為，這種據稱普遍存在的自我實際上就是民主的靈魂。在討論不言而喻的私利這一章後面的若干章節中，他再次考察了民主的靈魂所特有的對物質富足的愛好。他的結論是，民主制度產生了一種正當而溫和的唯物主義，與其說它會腐蝕靈魂，不如說它會讓靈魂變得軟弱。美國人的物質生活蒸蒸日上，但他們總是慾求不滿且「桀驁難馴」(托克維爾頻繁地用到這個詞)。他們堅信的「私利」原則無法由人性合理解釋，而是由他們生活在其中的民主制度所決定的，並且實際上也並非「不言而喻」。

鑒於美國人典型的桀驁難馴，他們還必須有一些長期的奮鬥目標——這就是托克維爾的下一個論題。宗教的任務，是盡可能地把民主主義者從為眼前利益

爭奪中解放出來，讓他們習慣於為未來的某個目標而奮鬥。而當民主制度由於熱愛物質富足而不再信仰宗教時，這一任務就同時落在了「哲學家和執政者」肩上。必須「盡可能地消除政治世界的隨意性」，不是要運用科學方法來預測未來將會發生什麼有違人類意願的事，而是讓人們感覺到誠實者的努力終會獲得回報。相信機遇主宰世界會讓一個民族變得被動而遲鈍：或是因為如果你覺得自己不夠走運，高尚的犧牲會顯得過於冒險；又或是因為你覺得自己足夠走運，成功看起來會過於容易。雖說機遇不能也不應該被完全排除在人類生活之外，因為這樣做也會把自由一並排除出去，但機遇應該被降低到某種程度，讓人們可以理性地相信他們完全能夠管好自己的事、支配自己的生活。托克維爾為宗教、哲學和政治三者設定了這樣一個單一的指導功能。政府必須教育公民「只有懷有長期願望，才能獲得巨大成功」。思考自己在俗世的未來會讓他們不知不覺地恢復對彼世的信仰。雖然美國式的美德被假扮為私利，但只要它持續存在，就可以證明它不是夢想或天降好運，而更是有萬事萬物的自然秩序作為依據的。如果「偉大的成功」是應得的，那麼堅信無限完善的美國信仰就可以擺脫永無休止的焦慮，也可以在恰當的私密範圍內得到證實。

然而托克維爾不是一個許諾過多的人，他擔心美

國的未來會面臨一種由實業產生的新的貴族制度。他在這一點上很像卡爾·馬克思(Karl Marx)，預料到因為勞動分工日益細化，限制了工人的視野和能力，民主國家的工人會淪落到只會服從和仰仗他人，把所有規劃和思考的事兒都留給工廠主。這種貴族制度會很苛刻無情，因為它把工人看成物件，但它並不危險，因為它不會由某個統治階級來組織。民主制度——托克維爾並未談及資本主義——在本質上就會激發人們更多地變遷和追逐機遇。這正是民主國家轉向商業的原因，不僅是為了獲利，也是為了樂趣。工業危機蘊藏在民主國家的稟性之中，因而是民主國家所特有的且無法預測。美德終獲回報的美國夢時刻要面對商業複雜性的危險，並受到各種意外因素的影響。

托克維爾在討論中揭示了兩種持久的民主情感，並證明他們本質上都是非理性的：對物質富足的喜好和對平等的熱愛。前者始終縈繞不去，後者造就了持續的需求，兩者都無法得到滿足。兩者都會讓民主國家的個人變得軟弱：前者可以讓靈魂衰弱無力，後者可以消滅所有的權威，讓人們服從正統。然而美國人踐行政治自由並將公益和私利集於一身，這表明他們嚴肅對待自己作為其中一分子的那個整體，而並非僅僅是每個人自成一體。他們用自己的行為駁斥了「個人主義」而絲毫沒有意識到自己的美德，或者說沒有

意識到他們最好還是承認和宣揚自己的美德。托克維爾的建議與他們的道德家相反，意在幫助他們正確理解自己的私利。

平等的民情

托克維爾從思想談到了情感，繼而談到了民情，每一個話題都是下一個話題的靈感來源——民情是由思想所建議、由情感所激勵的行為。在這部精彩著作的這一部分，他考察了民主制度如何應對頑固的不平等，後者似乎是自然(這個詞頻繁出現)要故意與之作對而預設的。在民主制度下，主僕之間的關係是怎樣的？男人相對於女人的明顯優勢又是怎樣的？因希冀與眾不同而渴望榮譽之人呢？對每一種情況，民主制度都盡其所能地夷平了種種不平等，盡量讓它們無傷大雅，讓它們顯得不那麼嚴苛、不那麼跋扈、不那麼可憎。民主並沒有成功地消滅不平等，但給予了它重重一擊，提醒所有人，在與不平等妥協的表象之下，存在着人類平等這一基本事實。與此同時，即使民主致力於平等事業，它仍然以自己的方式證明了這些不平等存在的合理性，因而它似乎承認平等只能到此為止，也承認人類的不平等同樣是一個基本事實。

托克維爾還是以他慣常的對比開始討論，宣稱隨着社會生活越來越平等，民情也變得比貴族制時代更

加溫和文雅。他引用了17世紀的貴族塞維涅夫人[1]和女兒的通信來證明這一觀點，這是全書最令人震驚的段落之一。塞維涅夫人在信中跟女兒閑話家常時，快活地聊到當局鎮壓了一群納稅人的叛亂，領導叛亂的人被嚴刑拷打，處以絞刑，餘者——「一大群倒霉的人」——被驅離家園。托克維爾對此評論道：「塞維涅夫人對貴族圈子以外的人的苦難一無所知。」誰要是認為托克維爾對貴族制度過於贊同，真應該讀讀這一段。民主的同情心減弱了民主的私利心，當然屬於不言而喻的私利的一部分。但從民主主義者對待奴隸和在戰爭中對待敵人的方式可以看出，當他們自己沒有親身經歷苦難、當他們不把其他人當作「相似者」之時，他們同樣會對苦難視而不見。

貴族社會中的主僕永遠是不平等的，但在民主社會，這種關係只是暫時的，因為他們只是契約上的不平等，而不是階級或出身的不平等。因此，貴族的僕人呈現出他主人的個性，他的尊嚴源自主人，他的態度也同樣傲慢，有時更甚。民主時代的僕人沒有這種驕傲的奴性傾向；他的尊嚴存在於他與主人在契約限定之外所共享的平等，在這種情況下，主僕是「兩個公民，兩個人」。但他們又是哪一種平等——是作為公民的平等，還是作為人的平等？

1　塞維涅夫人(Madame de Sévigné 1626–1696)，法國書信作家。其尺牘生動風趣，反映了路易十四法國的社會風貌，被奉為法國文學的瑰寶。

托克維爾說，儘管在輿論看來兩者之間存在着明顯的距離，他們的地位卻被拉近了，這「在他們之間創造出一種假想的平等」。看來民主制度並不符合自然規律；民主主義者主張的自然的平等需要輿論的推動，輿論斷言人生而平等，無論其地位如何。主人和僕人是兩個公民，他們只想做兩個一般意義上的人，自然的平等本身並不足以保證這一點，還需要旨在實現自然平等的公民契約。民主的平等是可能的，因為民主的輿論說它是可能的。我們經常看到在公民社會，某種政治真理會在關於某種關係的討論中浮現出來：真正的自由主義理論提出的社會契約使得統治者和服從者之間有了差別，但這種社會契約並非自然狀態下的平等個體所達成的共識，而是由公民創造的，輿論宣稱那些公民都是彼此平等的人。托克維爾版本的社會契約沒有創造社會，而是源自社會，且這種契約並沒有假設人性的平等，而是試圖維持並在某種程度上建立這種平等。

　　同樣的社會契約政治版，對真正的自由主義版本做出了同樣修正的版本，出現在托克維爾關於美國女性的著名論述中。托克維爾以前的自由理論談及「人權」，指的是抽離性別的人類。在我們的時代，這種理論因為過於抽象，忽視傳統的、假托為自然的男女性別不平等而屢遭攻擊。托克維爾以前的自由主義者們關於不平等沒有什麼可說，往往看似認為那是理所

當然的。托克維爾糾正了這種輕忽的態度，他用五章的篇幅討論了美國的女性，高度讚揚她們的美德和善行。他說，沒有哪個自由社會可以缺少民情，而女人產生了民情。男人批准法律，但民情比法律更重要。在他看來，有關美國女性的一切都「與政治息息相關」。

問題在於，托克維爾讚揚美國女性遠離政治，放棄職業——如今大多數美國女性對此恨之入骨。但我們不該僅僅因為結論令人不快而將推理過程也一起摒除。在關於女性的討論中，我們可以對托克維爾的新式自由主義有更多的瞭解。

民主制度對家庭的影響就是摧毀貴族制意義上的父權，這是真正的「父權」，遠遠超出了我們今天使用這一詞語的含義。民主制度使得父親和子女變得平等，消除了年齡和性別的自然差異，然而其結果卻是強化了家庭內部的天然紐帶，即使強權消失了也是如此。年輕的女孩擺脫了父親的保護性控制，學會了自行管理，控制自己的情感，培養自己的判斷力；她們很快就不再天真無邪(哲學家可比她們天真多了)，而且學會了「應對一切的初步知識」。托克維爾此話令人難忘：「與其說她們有高尚的精神，不如說她們有純潔的情操。」她們通過觀察世界——男人的世界——來獲得民情的教育，因而獲得了男子的教育，用以取代她們缺失的父權。托克維爾認為，男子氣概不單是一種男性品質。

而女人嫁人之後就進入了婚姻，托克維爾尤其強調了婚姻的道德和家庭「紐帶」。他說，在美國，女人與男人的命運完全不同，因此她們必須放棄女孩的輕鬆自由，在無盡的家務和約束中尋找幸福。但美國女性勇敢地承受婚姻束縛之苦，因為她們自願選擇接受婚姻。托克維爾強調了她們的選擇——如今我們用這個詞來指代一種完全不同的女性生活，她們不但可以離開家庭追求事業或尋找工作，而且受到邀請和鼓勵這樣做。在托克維爾看來，選擇並不是要逃離女人的獨特命運，而是選擇做誰的妻子並與他共同生活；女人在大多數情況下都會結婚，但她可以選擇丈夫，而不必接受父親為她選擇的對象。托克維爾在這裏描述了一種我們如今視為理所當然的選擇，讓我們知道，自由選擇需要明智的頭腦。因為當時離婚很罕見，女人不能自由地犯錯和改正；她必須謹慎和負責。男人不必因為被某個女人吸引而選擇她作為妻子，但婚姻是女人的選擇：或許直到今天，我們仍然能夠看到男女對待婚姻的方式存在着這種差異。

為了做出選擇，走進婚姻生活，女人可以自由地運用自己的理智並借助於宗教；托克維爾在討論女性時，跟全書其他各處一樣，理性和宗教始終協力合作。他在上卷中曾說過，宗教像君主一般統治着女性的靈魂，但他在這裏又說，理性也有着同樣的支配權。部分由於新教在美國的影響，部分由於婦女所受

的世俗教育，那裏的宗教沒有把婦女禁錮在依賴父親、丈夫和神職人員的盲目輕信狀態。美國的婦女儘管生活在婚姻的「羈絆」中，她們卻是獨立的，通過選擇和理性，而不是服從於宗教權威，踐行了托克維爾所謂的「美德」，也就是如今所謂的「家庭觀念」。

在美國，婦女認為婚姻需要一個首領，而「夫妻這個小團體的天然首領就是丈夫」。那裏的「婦德最好的女人」以「自願放棄自己的意志」(她們是這麼說的)為榮，並因此受到尊重，而在歐洲，婦女雖然擁有更多的權力(甚至把持着一個「專制帝國」)，卻被看作必須引誘男人才能得到想要的東西的軟弱生物。這種「重大的男女不平等」至今似乎一直「是以自然法則為永恒基礎的」，托克維爾並沒有挑戰這種不平等。他只是贊同這種不平等在美國的表現形式——或者說是他聲稱他在美國看到的表現形式——並擲地有聲地說：「要是有人問我在我看來這個國家的驚人繁榮和國力蒸蒸日上主要應當歸功於什麼，我將回答說：應當歸功於它的婦女如此優秀。」這是怎樣的讚美！他沒有說美國的婦女是優於其他國家的婦女還是優於美國的男人；也許比後兩者都優秀。

如今的美國婦女，只要她們還渴望事業有成、渴望自身地位有所提高，則無疑樂於摒絕托克維爾對其美德的讚揚，從某種意義上說，這種美德現在幾乎絕跡了。但我們不應忽視其哲學意義。民主制度主張人

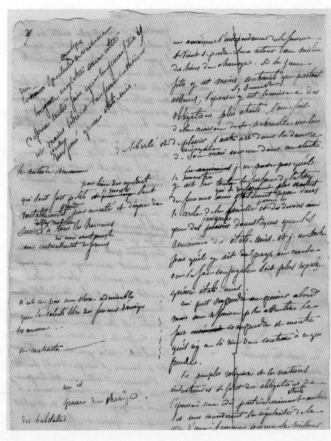

圖7　托克維爾《論美國的民主》原書手稿中的一頁。這一頁的內容是關於美國女性的討論，出自下卷中題為「年輕女孩怎樣習得為妻之道」的一章。

民主權，我們已經看到，它需要人擁有主權。然而人無法擺脫必然或命運，人的主權要求人的選擇顯得能夠適應那些看似可能會限制或奴役人的外部力量。托克維爾描繪了一幅優美的甚或有些誇張的場景——與其說它是真實場景，不如說應該如此——來賦予美國婦女一項任務，即選擇有尊嚴地接受必然。他反對自由主義理論的社會契約，認為它忽視了人們群居的必然性，企圖讓它看似一種選擇，彷彿人能夠做出任何自由選擇一樣。作為社會契約的替代品，托克維爾提出了婚姻契約，並以美國婦女的言行為例，說明婚姻契約是如何起作用的。

人的偉大和民主的專制

在他關於民主的傑作的結尾，托克維爾揭示了民主制度所天然傾向的政治之惡，這是他在書中反復表達的他最擔心的情況，即民主的平等會壓倒民主的自由。在這裏，他稱這種惡為「溫和的專制」；在別處，他稱之為民主的專制或行政專制。這是一種魅惑而非脅迫的惡，它柔軟、被動，甚至會顯得仁慈；它替代了多數暴政(上卷)而成為托克維爾最害怕的東西，後者是嚴苛的、壓迫性的，以奴役的形式出現。從他在本書上卷對輿論的曖昧權力的描述中，我們就已經看到了溫和專制的萌芽，但在下卷中，我們看到它具體表現在集權的民主國家中。

溫和的專制並非不可避免，在民主制度下也並非沒有遭到反對。人性中就存在着與它對抗的力量，在本書最後一部分的開篇，托克維爾論證了平等天然地讓人們更加愛好自由的制度而非專制。他說，平等讓人們彼此獨立，因而懷疑權威，傾向於不遵循任何人的意願而堅持自己的主張。平等啟迪了某種倔強任性，某種固執的「別想爬到我頭上來」的態度，它讓人想起柏拉圖所說的靈魂中意氣風發的那個部分(血性)，也有益於民主制度對自由的堅持。倔強任性看起來或許與美國人的結社傾向相悖，事實上也的確會如此，但當人們看到完成某一項使命是有用和有尊嚴的，其消極拒絕合作的態度就能轉變為可靠負責的態度。今天的人們或許會說，美國人普遍對權威持敵對的態度，如此便難以管理，而在特定的場合，他們也會有着一種相反的「可為」(can do)的精神。

　　雖說人性的難以駕馭使得任何政府的管理都不容易，民主制度卻有着天然的反方向的傾向，會讓治理變得更容易、更愉悅。托克維爾的《論美國的民主》最後一部分的主題，就是他擔心人們會喪失那種對於自由制度的偏愛。我們知道，民主主義者欣然成為個人主義的犧牲品，這是一種讓人喪失活力的軟弱感，把公民變成只關心個人生活的孤立的個體。當他們這樣做時，只剩下國家作為公眾唯一可見的永久代表，而個人一旦培養出讓國家處理一切公共事務的天然傾

向，也就脫離了社團。作為彼此平等的人，他們本能地傾向於驕傲和獨立，但作為個體，他們卻必須忍受獨立帶來的軟弱感和孤立感。因此，他們厭惡本地的政治和社會活動，無動於衷地服從國家的「強大存在」(托克維爾曾在前文中用這個詞來形容泛神論的神靈)。

儘管每一個民主的民族都傾向於依賴國家，但國家本身則熱愛平等，並盡其所能地擴大平等的範圍。現代國家源自歐洲的君主政體，它們奉行與人民結盟反對貴族的政策，逐漸把人民從貴族政府中移除，轉向國家的中央集權。法國大革命期間，民主制度取代了君主制度，國家一如往常，繼續獨攬一切行政大權，它對社團產生了新的敵意，取代了君主對貴族的嫉妒。因此，集權國家熱愛其民主公民所熱愛的平等，並恨其所恨；兩者互相配合補充。國家不斷鞏固權力；人民持續失去權力。

如此一來，民主國家不得不害怕的專制就是那種溫和的專制。這種專制遠沒有讓它們的期望落空，而是讓最糟的期望變成了現實。民主制度中最糟的期望是放棄讓人保持獨立的驕傲和喪失自由，從而無須啟用酷刑、無須挑起人們的反對，甚至讓人們對自己失去的東西毫無察覺，便可降低其地位。人民變成「無數相似和平等的人……整日汲汲於小小的庸俗的享樂，用它們填充靈魂」。每個人都「離群索居」，

「獨自生存且只為自己而生存」。在這樣的一群人之上「聳立着一個權力極大的監護性當局」，像校長或監護人一樣對他們負責，不讓他們——托克維爾極盡嘲諷地說——「開動腦筋和操勞生計」。遠在尼采之前，托克維爾便稱他們是「一群膽怯而又很會幹活的牲畜，而政府就是那牧羊人」。

在這種情況下，一個民主的民族會覺得它既需要自由，也需要有人引導，還自我安慰說，引導他們的是他們自己選出的領袖。他們在參加選舉時暫時放棄了從屬性，其後便又回到這個狀態。「這對我可不夠」，托克維爾以自己的名義自豪地說。

托克維爾承認，某些意外的事實會增強或減弱政府中央集權的推動力——例如，美國沒有發生過民主革命。因為美國不必發動一場反對貴族制度的民主革命——生而如此，不必後天努力——就能夠更自由地借鑒貴族制度來支持自己的自由。托克維爾在全書臨近結束時，提到了民主的各民族需要警惕的平等的三個特點。首先是已經討論過的形式的作用，民主國家並不完全理解這一點，還對其不無鄙視。第二個民主的本能同樣是與生俱來並且據稱非常危險，那就是對個人的權利不屑，為社會的利益和權力而犧牲個人權利。作為一個自由主義者，托克維爾說，「自由和人之偉大的真正友人們」必須時刻警惕，確保個人權利不致輕易被獻祭給社會的總體設計。這樣做實際上對

社會有害，因為它質疑了權利的支持者才是社會存在的基礎。

與這兩個擔心相關，托克維爾又提到了他對民主社會中的革命的關注，這種關注或許更是針對歐洲而非美國。既然民主制度熱愛變化，革命就可能變成一種習慣，甚至在政府政策中被合法化。他並不否認革命有時是真誠而正當的，但他認為在民主時代，革命是一種特別危險的療法。他此前談到過為什麼大規模革命——例如反對民主的革命——會越來越少，說比起民主國家中日益盛行的中產階級暴動，他更擔心那裏會陷入一片死寂。但民主國家的死寂與庸眾的野心和爭奪物質享樂這種普遍存在的低層次騷動並不矛盾。

如何來矯正民主的個人主義、民主的庸眾和民主的冷漠？在上文引用的托克維爾特別尊稱的那個稱謂中，這個問題的答案呼之欲出：「自由和人之偉大的真正友人們」。這是自由和人之偉大的攜手合作。起初，人們會想到在一個經典的混合政體中把民主的自由與貴族制度的偉大混合在一起。但《論美國的民主》一書從頭到尾，特別是在結尾，托克維爾一直主張民主制度應該保持下去，沒有可能「重建貴族社會」，人們必須表現出自己是平等的朋友，並將純粹的民主制度作為「第一原則和信念」。所以他在此處沒有訴諸偉人，沒有以「少數人的偉大」來啟迪民

主。他沒有召喚那些他曾經讚美過的美國建國者,他稱之為貴族黨派的聯邦黨人。他反而說,儘管人們不會再建立新的貴族制度,他卻認為「普通公民通過彼此聯合,可以組成一些十分富裕、有影響力的強大組織——簡言之,具有貴族性質的組織」。

　　普通公民的自由結社產生了民主制度中的貴族。他們是這個制度裏的貴族成員;他們踐行了自己的自由,並在此過程中支持自由、捍衛自由、彰顯自由。他們在結社的行動中做出了犧牲並承擔了公眾野心的風險,這些風險是僅在商業組織中聯合的人們無須承擔的。雖說普通的公民的確能在政治中有所收穫,他們得到的回報與其說是金錢收益,不如說是一種自豪感。美國人當然是平民,他們像托克維爾描述的那樣,一刻不停地渴望獲益,但當他們自由結社時,他們的靈魂就被注入了某種高貴的東西。這就是民主制度對那些指責其冷漠和平庸之人的回應,稱不上面面俱到,但也算鏗鏘有力。

　　因此,自由和人之偉大的真正友人們必須做好準備去防範的危險就是「社會權力」會為了實現某一個社會目標,若無其事地犧牲個人的權利。「沒有哪個公民默默無聞到他人可以毫無顧忌地對之施以壓迫。」而托克維爾在這裏引述的保護默默無聞的公民的主要方法當屬出版自由和司法權。他曾在本書前文中表達過對出版自由的慎重讚美,在這裏則進一步肯

定其重要性：出版自由「在民主國家要比在其他國家遠為珍貴」。出版自由讓個人得以與同胞交流，從而不再默默無聞。司法制度的任務是在默默無聞的公民覺得受到壓迫時，聆聽他們的訴求。我們在這裏可以看到在民主社會中有一個身份不明的無名貴族致力於支持個人的權利，或許他所反對的正是政府中那些更嚴格意義上的民主要素，即代表着「社會權力」的立法和行政部門。

在民主時代，「立法者的首要目標」是為「廣泛，但可見且固定的」社會權力設置界限。「立法者」看似高於立法機構，或許是一個像托克維爾本人那樣的政治學家。對於這樣的角色來說，為社會權力設置界限包括制定憲法，但似乎也包括捍衛民主，反對提升針對個人的社會權力的思潮。儘管托克維爾早期一直主張社會現狀是民主制度的基本原因，但他現在認為民主社會現狀可能產生對它本身構成威脅的「兩個相反但同樣致命的觀念」。第一，民主制度不過是些無政府主義傾向；持此觀念的人事實上是懼怕自己的自由意志，「懼怕他們自己」。第二，民主制度必然導致奴役，這種觀念的支持者對繼續保持自由完全沒有信心，暗自傾慕他們認為不可避免的專制。

托克維爾只是坦白地陳述這兩種觀點，沒有指名道姓，也沒有流露出蛛絲馬跡讓讀者猜出他說的是誰。他和往常一樣更注重結果而非內容。然而他還是

在這部偉大著作的結尾譴責了在美國看到的這兩個置民主制度於危險之中的「錯誤而消極的觀念」。他以更接近於亞里士多德而不是他那些自由主義前輩的風格宣告：上帝創造的人類既非「完全獨立」，也不「完全是奴隸」。

第五章
理性主義行政

托克維爾的第二部偉大著作《舊制度與大革命》出版於1856年。他在這本書中考察了法國君主制這一「舊制度」，但未談及大革命，到1859年他去世之時，這本書尚未完成。他以法國大革命為着眼點來研究舊制度——因為它替大革命鋪平了道路。舊制度實施的是理性主義行政制度(我們或許可以稱之為精英政府)，在20個世代的時間裏漸次走向了自我毀滅。在托克維爾的概念裏，理性主義行政是民主制度的對立面，也就是我們在《論美國的民主》一書中看到的集權管理。

在這本後期的著作中，托克維爾詳細論述了大政府的含義和執政手段。他揭示了它不僅是民主制度的敵人們喚起的一幅可怕的未來場景，而且是真實發生在法國的歷史事實。法國的君主政體從未打算建立一個民主國家，但它卻完成了民主制度的任務。法國的幾位國王及其偉大的大臣黎塞留和馬扎然樞機主教通過逐漸廢除貴族成員掌管各自領地事務的封建制度，先是鏟除了所有公民之間的差別，繼而在一個中央集

權現代國家的非封建等級階層中重新安排他們的地位：如今的法國人就生活在這樣一個等級階序中——所有民主國家的人民均是如此，只是程度不同而已。

1789年發生在法國的民主革命是歷代法國國王的政策和不作為的法國貴族始料未及的重大後果，兩者合力使法國走向了現代化，但這並非其本意。法國的民主制度是君主制憑藉其本身的基本策略——與反對貴族的人民結盟——在突然發生的暴力革命中走向毀滅。它的政治策略與「文人們」通過理性主義行政來實施改革的計劃日漸謀合。這些崇尚理論的改革者本質上都是厭惡政治的人，但他們贊成君主制，視之為改革依賴的手段，而拒絕民主制度，稱其庸俗、無知、反對改革。因此，民主制度是君主制和改革者這兩股力量結盟造就的結果，兩者都反對民主，讓它們聯合起來的只是對貴族制度共同的敵意。反對充滿特權和偏見的封建制度這一人類理性的偉大進步——哲學家黑格爾將其詮釋為人對自身主權思想的終極主張——其發生竟純屬意外，是各方都沒有預見到的結果。這就是托克維爾在《舊制度與大革命》中震驚四座的精彩論調。

托克維爾在1850年底致友人路易·凱爾戈萊的信中，首次提到了撰寫這本書的想法，說它是對「法國大革命這出長劇」的研究。兩年後，他談到自己1842年在法蘭西學術院的演講中，抨擊拿破崙的影響是世

界歷史上「最全面的專制」，同時也譴責了大革命背後的抽象觀念。這兩點表明了他即將探究的大革命的結果和起源。更早的1836年，當他還沉浸在《論美國的民主》上卷出版帶來的成功中時，就曾應約翰·斯圖爾特·密爾之邀，寫了一篇關於1789年之前和之後的法國的文章，發表在密爾主編的《倫敦和威斯敏斯特評論》上。從1850年最初構想此書，他逐漸轉移關注焦點，從拿破崙迴溯到(大革命之後的)督政府時期，再到舊制度，並最終於1853年8月選定了後者。

托克維爾於1852年1月着手寫作前的準備工作，開始閱讀回憶錄並記錄筆記。1853年6月，他覺得有必要查閱舊制度的檔案，就在圖爾市[1]花了一年的時間仔細研究主要官員——總督(Intendants)——執政期間的記錄。最終寫成的《舊制度與大革命》文筆優雅、氣勢恢宏，幾乎完全掩蓋了背後那些閱讀書籍和時事刊物、在塵封的檔案中挖掘歷史的辛勞。甘尼特(Robert Gannett)在《揭秘托克維爾》(2003)這部傑作中，向我們展示了托克維爾為寫作收集的論據，議論了他的「隱秘模式」。托克維爾的很多注釋和引文主要用作例證，往往不標記出處。同時他還經常提醒讀者注意他所做的研究，那口氣幾乎是在自誇，彷彿是在挑戰讀者，看有誰敢在無人指引的情況下自行探究一番。

托克維爾在開篇稱這部著作為「研究」。但這是

1　法國中西部的一座古老城市，瀕臨盧瓦爾河。

哪一種研究呢？與《論美國的民主》相比，它是更直接的歷史研究，《論美國的民主》開篇便討論「天意命定的事實」，即朝着越來越民主的方向發展的上升趨勢，其論證的前提是人們可以實實在在地在美國看到民主的形象。在該書的末尾，托克維爾提出了溫和專制的幽靈，但那是從人民的立場上來展現，解釋了他們為什麼會歡迎大政府令人窒息的擁抱，還描述了美國人針對它所踐行的補救措施。他因而宣稱，無論民主有何缺點，他都負責任地接受民主；他斷言在民主的時代，沒有其他道路可走，此外民主制度也顯得比貴族制度更加公正。《舊制度與大革命》則是從國王和貴族的立場審視同樣的專制，這一次他稱之為「民主的專制」。國王和貴族們促成了一個雙方都不想要的民主制度，伴隨着一場任何人都毫無準備的革命帶來的恐怖暴力加諸其身。本書着重哀嘆了貴族制度的失敗，最終形成了這樣一個「國家」，其公民思想矛盾、行為混亂，充滿了憤怒或恐懼。這本著作詳述了國王們戰略上的貪婪和貴族們毫無作為的克制，而法國社會只有上述兩方的腐敗亂政和得意自滿未曾觸及的那些領域，還有些值得他讚揚的東西。

這兩部著作都是向法國及全體人類提供建議，在這個意義上，它們都是政治文本；但在《舊制度與大革命》中，作者滿懷義憤，絲毫沒有體現出《論美國的民主》中非凡的冷靜客觀。與其說他對大革命滿腔

怒火，不如說他對其所取代的舊君主制度切齒憤盈，而與其說他怒君主制度之不爭，不如說他痛恨君主制和革命在拿破侖專制時期的雙雙登場。只要看到拿破侖統治的結果是他的侄子路易‧拿破侖所建帝國的世俗平庸，便可得出這一結論。

《舊制度與大革命》被巧妙地稱為「政治史」，因為它將政治評判和歷史結合起來，既避免了論爭，也沒有將科學的客觀性貶得一文不值。但這些只是形式上的差別，並非本質差異。在《論美國的民主》中，托克維爾表達了對政治自由要求的深切關注，《舊制度與大革命》當視為將同樣的關懷和憂慮傾注在法國。雖然在前一本書中，他開頭便討論了民主的趨勢乃天意使然，不管其是否對自由有利，但在本書的前言中，他承認自己為自由激烈辯護，也為捍衛自由而支持它所釋放的那些更加高尚和強烈的激情。在本書正文中，他的研究解釋了他何以如此熱愛自由，因為事實證明，政治和自由是密不可分的，在君主制度下喪失了政治自由必然會導致法國徹底喪失自由。在《舊制度與大革命》一書中，他論述了兩個在《論美國的民主》中未能全面展開的政治學觀點：一是政治自由的貴族根源，一是理性主義行政對自由的危險。但我們還是先來看看《舊制度與大革命》的主要歷史課題是什麼。

大革命的延續

　　法國的革命者認為自己完成了與過去的徹底決裂。他們試圖把自己國家的命運切割成互不相干的兩段，1789年之前和1789年之後，並相信他們成功地做到了這一點。與其背道而馳的反革命主義者竟然也持有同樣的信念。在《舊制度與大革命》中，托克維爾自始至終選用埃德蒙・柏克(Edmund Burke)的觀點來突出自己的見解，這位偉大的英國政治家和哲學家認為，法國大革命是史上「第一次徹底的革命」。這是一場情感、風俗和道德見解的革命，「甚至觸及人類精神的建構」。托克維爾反對革命正反雙方達成的共識，他主張大革命的起源是它即將毀滅的社會，它是法國君主制的舊制度的傑作，後者一直傾向於故意而又大體上無知無覺地自我毀滅。大革命不僅發生於1789年巴士底獄的陷落；早在1439(或1444)年查理七世未經貴族同意便下令徵收新稅時，大革命便已開始。

　　但托克維爾並不否認發生了巨大的變化。他否認的是這場大革命的發生是人類意圖支配的，認為它既沒有順應革命者的意志，也沒有違背反對者的意願。在《論美國的民主》中，他譴責了民主歷史學家否認人類意圖對歷史發展的作用，但關於民主的到來，他們的見解倒是正確的。書名「舊制度與大革命」體現了變化之巨，卻沒有言明這是法國的大革命。(托克維爾擔心書名的問題，看來就在出版之前臨時刪去或同

圖8　英國政治家和哲學家埃德蒙·柏克。在《舊制度與大革命》中，托克維爾把柏克和自己對法國大革命的分析進行了對比。

意刪去了這個形容詞。)他同意如柏克所說，大革命是徹底的，並且像美國革命一樣，被宣揚到其他國家，得到了全人類的關注。大革命不會反復發生，也不會被未來的革命所抵消，實際上，它原本就是為了完成此前所有的革命，那些革命均不徹底，因而需要更加深入的革命才能重建往日的榮光。他所主張的是，這一巨變已經延續了好幾個世紀；它是新的革命，但不是最近才發生的，因而不該令人覺得突然。在他的書中，托克維爾列舉了促成大革命的行動，但它們的整體意義卻沒有引起所有人的注意。1789年後，其意義又被革命者的自吹自擂及其敵人的公開譴責掩蓋了。

能夠從震驚中恢復過來的大革命的評論者們大都認為，發動革命本是為了摧毀宗教、引發混亂或至少削弱政治權力。柏克就是這種觀點的一個突出代表，他集中火力攻擊大革命發起者們的無神論思想，認為他們消除了人們對神靈的信仰而徹底改變了人類，從而否定了政府的神授權力，削弱了政府。在托克維爾看來，這是錯把一次意外當成了根本性的原因。教會或許是舊制度中最有權力的部分；它妨礙了改革，為了建立一個新秩序來替代舊制度，就必須對它進行制度和信仰兩方面的攻擊。這種新秩序——而不是摧毀教會——才是根本目標，並且新秩序一定要比舊秩序更強大，而不是更虛弱。法國無意將自己撕成碎片，事實上，它後來還組建了前所未有的強大軍隊，也造

就了一種全新的、信仰「至高存在」(Supreme Being)的革命性宗教，它希望這種宗教比基督教更加權威。托克維爾在本書後面部分說，法國大革命要比此前任何其他事件更像是「宗教改革」，它滿心指望自己也能夠得到像基督教提供給舊制度那樣的支持，最好還能收穫更大的熱情。就像在《論美國的民主》中一樣，托克維爾希望讀者明白，宗教和自由之間不存在必然的對抗，甚至在人為的宗教和大革命所帶來的虛假自由之間也是如此。

　　至於為什麼法國大革命是第一次攻擊舊制度，並以一種新宗教自居的革命，托克維爾並未直接言明。顯然，它的思想依據更易被更多的人接受，以至於在某一特定的節點，這個理論看似可行。作為超過了此前所有革命的一次徹底的革命，法國大革命所依憑的觀念並不比此前的任何革命思想更加真實，而只是突然看來可行，而舊制度卻突然間難以為繼了。舊制度是封建制度，托克維爾會說，封建制度經過一段時間的發展，看起來就不再是個能夠維持運轉的穩定連貫的整體。如今美國人或許會說，它在那個時間點上就不再實用了。托克維爾在他的政治史中反對革命思想家們試圖在實踐前先行制定理論。他並不試圖評判支持和攻擊封建制度的兩方意見誰對誰錯，而是考察了封建制度能否構成一個整體，成為某種觀念、某種合乎理性的理論的主體。正如他曾在第一部著作中通過

研究美國人的實踐發現了民主的形象,在這部著作中,他也考察了舊制度的實踐,為的是看看它是否連貫。

起初,封建制度是由孤立生存的野蠻部落組成的無序狀態,但隨後出現了獨特的日耳曼法;該法律並非源自羅馬法系,而是一種獨創,形成了「由各部分組成的一個整體」,它們之間就像現代法典那樣聯繫密切,是供半野蠻的社會使用的聖人法。托克維爾沒有說明封建制度中精心設計的特權和責任等級是如何產生的;他只是說,該法典和等級在全歐各地幾乎都一樣,沒有什麼明確的原因,彷彿是隨意自生、自然發展而成的。這才是真正的舊制度,而18世紀的法國不是,真正的革命所推翻的也正是這個。真正的革命是法國君主制的中央集權,也就是人們如今常用的「舊制度」和「法國大革命」這兩個術語所表示的基本制度。

何為中央集權?考察一下前文提及的查理七世採取的第一步,我們就可以看到國王在未經貴族同意的情況下獲得了徵稅的權力,作為交換,對貴族免徵稅賦。托克維爾說,出於貪婪,貴族把自己的政治權力出賣給了國王。但除此以外,國王一方有着「讓每一個政府都希望自行領導一切事務的本能,無論政府的行為主體是什麼,這種本能始終存在」。這一動機超越了貪婪的偶然性,因為它永遠在引誘任何政府從產

生於政府之外的任何社團中攫取權力。若干個世紀以來，貴族在君主面前節節敗退，不斷喪失被徵求意見和統治其領地的權力，而君主逐漸學會了通過總督來治理國家，總督是國王的代理人，是受國王的大臣們從中央指揮的行政官員。

總督變成了舊制度特有的官員(此時它已經變成了舊制度)，他們是擇優選拔出來的，並發展出一套「創造一千種控制手段」的技能。他們來自中產階級，因為貴族不屑於如此低級和從屬的境遇，寧願在朝廷上為爭得國王的歡心而勾心鬥角。總督們對其所行之事和努力嘗試都保留了仔細的記錄，托克維爾在巴黎的檔案堆中仔細研究了那些記錄。這些行政人員是「新社會的貴族」，他稱呼他們為公務員(fonctionnaires)。和現代官僚一樣(他在注釋中寫了一句話貶低那個「現代套話」)，他們偏愛統計數字和會計賬目。為顯示自己的人性，他們從滿是數據的紙堆裏抬起眼睛，抱怨農民懶惰倔強，那些農民幾乎從不聽從他們的建議或接受他們的指導。18世紀，他們甚至還曾染上了某種狄德羅式和盧梭式的「虛假的多愁善感」，此舉試圖緩解那種整日淹沒在賬目中的枯燥乏味，很像是如今管理心理學治療中的宣泄。托克維爾講了一個負責政府慈善項目的總審計長的故事，這個項目負責提供基金，各教區的居民也必須捐獻一定的金額來匹配。當他們捐獻的金額充足時，總審計長便在分派清單邊

上寫道：好，表示滿意；而當份額特別巨大時，他寫道：好，表示滿意和感動。

　　從這件趣事可以看到，舊制度的中央集權制既不嚴酷也不暴虐。隨着它越來越複雜和廣泛，它也日益規範、開明和溫和。「壓迫少，疏導多。」這正是托克維爾在《論美國的民主》中警告過的溫和的專制。它親切寬厚而助益良多，發揮着監護性而非惡意的力量。它假裝教給農民們「致富的藝術」，卻很少分發有關農業技術的著述。托克維爾認為，這就是法國後來所謂「行政監護」(la tutelle administrative)的起源——意指像監護人那樣無微不至，像導師一般循循善誘。如今的美國人大概會認為美國農業部發揮着同樣的作用。當時的問題(或許現在也一樣)在於政府承諾的改進超出了它力所能及，人民因而不再信任政府，新方法原本應有的合理性變得荒謬可笑，所有的法國人都受到監護，被剝奪了自治的好處。在這種情況下，政府常常猶豫不決，失去了勇氣；因此，舊制度總是依照僵化的規則管理人民，執法懈怠，又被各種特權和豁免弄得愈發弛惰。

　　巴黎是這個行政國家的中心，它的主權優勢超過了法國其他各地，是中央集權的象徵。儘管國王們一直試圖遏制這座城市的發展，巴黎的規模還是逐年擴大。隨着各省的公共生活和本地自由的消失，巴黎變

成了唯一的權力中心，也隨之成為風格和品位的裁判者。由於對巴黎的管制不像各省那樣束縛手腳，那裏的工業規模也在不斷增長。大革命一到來，便發生在巴黎，這座都城決定了整個法國的命運——以至於舊的君主制之所以那般突然而猛烈地崩潰，巴黎的主導地位是諸多主要原因之一。

　　這些就是中央集權制的主要特性。托克維爾堅稱，其總體的結果相當於廢除了政治而代之以行政管理，這也適時地變成了政府的意圖。法國君主的行政管理始於國王們和貴族的貪婪，隨後發展成為所有政府共有之本能的結果，最終表現為一場翻天覆地的變化——那確實是政治史上的一場革命，即使沒有事先籌劃。這種新型政府取代了「天意」；每個人作為個人，而不再是封建制度中的某個階級的一員，跟政府建立直接的關係。它們很像是當前福利國家的權利，同樣是繞過一切中間群體，從政府直接發放到個人手中的權益。這意味着個人只仰賴政府，彷彿向上帝禱告那樣，而不再依賴他的家庭或自己在封建階級中的地位。政府和個人之間沒有了「次級權力」，這種次級權力本可以為了捍衛作為某個群體成員的個人——例如貴族或仰仗貴族的農奴——的權利和特權，而與中央權力機構抗衡。沒有像托克維爾在美國看到的那種社團，通過對權力機構加以制約來行使相當於貴族

制中的貴族的功能，奇怪的是，這種制約關係竟有點像中世紀的封建秩序，其中國王的權力受到限制，暴政也能夠有效預防。

隨着君主制度的發展，法國的貴族日漸衰落，他們像國王一樣貪婪，卻比後者更加短視。起初，貴族們在徵稅時出賣自己同意徵稅的權利來換取免稅的特權，後來有些稅賦是向所有的人徵收的，但對貴族仍有所減免。這就造成了這樣一種局面：富人們不用交稅，因而對他們不再提供幫助的人也就喪失了責任感。與此同時，他們也失去了大量財富，因為國王開始出賣朝廷的官職給他們；貴族們愚蠢地珍視其宮廷生涯的榮譽，認為那比統治屬民的快樂和責任更加寶貴。因為需要更多的錢，他們向農奴出售其領地，農奴變成了擁有土地的農民，如此便有責任繳納貴族免於繳納的稅賦。由於君主制攬下了一切責任，它也總是缺錢，財政上的權宜之計層出不窮。其目的並非通過稅賦蓄意削弱貴族的力量，托克維爾說，接下來的政策不是哪一個國王制定的，而是制度使然。但在事實上如此削弱貴族以至於貴族的特權看來像是無本之木，這是毫無理性的行為，因為當大革命到來之際，貴族不但無法自衛，也無力保護君主制。君主制的政策實際上不是個周密的策略，而是讓野心和貪婪不受節制，在冷酷的中央集權中成為定規，這看似讓政府更加理性，實際上卻完全相反。君主制沒有意識到，

它的反貴族政策會把貴族變成享有特權的世襲階級，而不是運作良好的上層階級——托克維爾堅信這是有重大區別的。它沒有看到它的政策實際上是民主的，並有可能真正走向民主制度。

托克維爾的討論是圍繞着貴族展開的，但他充分、完整地向我們展示了舊制度的各個方面，對模仿貴族的中產階級、仇恨貴族的農民，以及不支持貴族的神職人員都評述了一番。他承認法國的貴族儘管腐朽，卻仍然保持着驕傲，並且因為有「充滿陽剛之氣的美德」，他們既不奴顏婢膝，也未沉溺於在他的年代盛行一時的對物質富足的陰柔之愛。貴族們秉持着自古以來對國王的忠誠，能夠聲稱他們的靈魂是自由的——他說，現代的頭腦幾乎已經無法理解這一事實了。他們表現出一種偉大，但沒有政治自由。他們為其效勞的國王並不殘酷，反而相當溫和；他們為了法國的利益竭盡所能，只有在習焉不察之時才會踩到別人頭上。因為對政治自由充滿敵意，他們自毀前程，喪失了學習所行之事的機會。

之所以對論證進行這樣一番調整，托克維爾是希望即使在批評之後，還能為他的時代留下正面形象的貴族典範，他們足以啟迪或羞辱那些讓路易‧拿破崙掌握了權力的選民。但他也抨擊了柏克，後者認為如果法國貴族經歷過改革，他們在大革命之時仍然可以獨當一面。有人會為柏克辯護，說他的動機和托克維

爾一樣，是在更高層面上讚揚法國的貴族。柏克認為英國貴族在他的時代仍然存在，而他不想對貴族的生存能力有所非議；他撰寫《法國革命論》一書的目的，就是要鏟除英國對法國大革命的同情，抑制英國激進分子想要在海峽這一端發起革命的慾望。柏克當然不會想要支持托克維爾關於民主的新世界無法阻擋的看法，他也沒有這樣做。但於他而言也是同樣的情形，一如他的名言所示，「騎士的時代一去不返」，再也回不到那個貴族們挺身而出為瑪麗·安托瓦內特(Marie Antoinette)[2]辯護的時代了。在他自己的關於托克維爾所敘述的政治史的版本中，或許他的最佳選擇就是誇大貴族制度的完美無瑕，就像托克維爾的版本誇大了貴族制度的陳舊過時並否認它能夠通過改革獲得拯救。柏克的觀點可以總結為有限的欣賞，但沒有絲毫對往昔的眷戀。

托克維爾在總結自己對舊制度的考察時下了這樣一個判斷，那就是它並非一個整體，它未能構成一個「國家」。全盛時期的封建秩序建立了一個國家，因為它是一體的，是由各個部分組成的整體。但舊制度

2　瑪麗·安托瓦內特(1755–1793)，早年為奧地利女大公，後為法國王后。法國大革命爆發後，王室出逃未成，其懦弱行為令不少原本支持王室的民眾大感失望，但瑪麗·安托瓦內特體現出一位王后的驕傲與尊嚴。1792年9月21日，路易十六被廢，法國宣布廢除君主制。安托瓦內特被控犯有叛國罪，於1793年10月16日被交付給革命法庭審判，判處死刑，享年38歲。

形成了一個全然不同的統一體，它沒有多樣化的組成部分，而是由完全相同的個人所組成。這或許同樣不是君主制度的本意，但結果就是如此。它的政策讓法國變成了一具「冰凍的屍體」，「整齊劃一的一群」「相似者」，各個群體間彼此隔絕孤立。他把這種境況稱為「個人主義」，在關於民主制度的那本書中，他也曾用這個概念描述這種情況。他說，舊制度是「一種集體個人主義，它為我們熟悉的真正的個人主義做好了精神上的準備」。

真正的個人主義是民主的，而集體個人主義在為其作準備的過程中，卻教會了舊制度下很多小群體中的個人只為自己着想。人們或許會認為，集體個人主義和真正的個人主義兩者都處於「單一政府」治下，無論是國王，還是大政府的抽象國家。「單一」的概念讓人想起孟德斯鳩的唯一(un seu)和馬基雅維里的單獨(uno solo)，意指建立了秩序的獨裁者或君主。在托克維爾看來，專制是錯誤的、強加於人的秩序，缺乏條理和連貫性。為了形成一個整體、一個真正意義上的國家，一個民族必須擁有發表言論的政治自由並為其多樣化的組成部分賦形。政治自由不是統一體和秩序的敵人，恰恰相反，它是此二者的必要條件。它抗拒統治，但也會用同樣的聲音要求被統治。錯誤的統一體是由高高在上者強加於人的，這是民主的大政府和絕對君主制度所共有的特質，它存在着革命的可能

性，也理應承擔革命的後果。在托克維爾看來，法國大革命既是健康的標誌，也是病入膏肓的表現——健康在於它試圖形成一個整體，而重疾在於其注定失敗。它無疑更是在建立權威而非顛覆權威，但大革命所建立的權威不合理法，因為它沒有成功地形成一個整體。

文人

《舊制度與大革命》的最後一部分，也就是第三編，事關最終確定托克維爾如今所謂「大革命」的地點、起源和特徵的更具體、更新近的事實。與大革命的根本原因——法國君主制的行政政策——相對，這些事實可以被視為直接誘因。事實證明它們最終只是同一個事實，即自18世紀中期以來控制了法國政界的文人，以及他們對貴族、神職人員和國王的影響。他們的核心重要性再次讓托克維爾提出了思想觀念在政策中發揮何種作用的問題，這個問題看來似乎是《論美國的民主》的核心主題，但在那本書中並沒有最終解決。是行動還是寫作，這是托克維爾個人生活的問題，而這個問題的答案卻受到另一個問題的影響，即寫作是不是一種行動方式，某位作者所寫下的思想觀念是否具有政治影響。在《舊制度與大革命》中，他又回過頭來探討了這個問題。

法國一直是歐洲最有文化的國家，但在大革命之

前，法國的文人日漸培養出一種新的政治妄想。法國文人和他們的英國同行一樣，並沒有參政；他們沒有權力或公職。但他們終日埋頭於各種政治問題，總是在進行抽象的思考，討論社會的起源、作為權力機構對立面的公民的根本權利、人與人之間的自然的與人為的關係、風俗的正當性，以及法律的原則等問題。他們都認為，應該把取材於理性和自然法則的簡單、基本的規則替換成當時社會盛行的複雜的傳統習俗。這些抽象的話題和這個過於簡單化的結論表明，他們不但缺乏政治經驗，而且還藐視政治，托克維爾對此厭惡不已。

托克維爾並沒有通過研究現代政治哲學史來解釋這一近因。托克維爾心知肚明，如果這麼做，他會發現，力圖將政治學過於簡化的始作俑者是霍布斯和洛克，笛卡兒也不無貢獻，他在《論美國的民主》中就曾引用過笛卡兒的話。相反，他的問題是，為什麼這個絕非全新，而是已有三千年歷史的觀念，會在這個時候浮現在腦海中。作為回答，他引用了文人關於充滿不公平特權的社會的看法，這「自然會引導」他們希望根據一個全新的計劃重建社會，而這個計劃是每個人借助自己的理性提出的。他們沒有體驗過自由的政治，否則他們會警覺到既有事實的力量足以阻礙最為理想的形式，因為他們看不到沒有任何政治自由的現實，也無從知曉他們一無所知的東西。托克維爾似

乎是想把文人界充斥的這種愚蠢無知歸咎於政治權威，而不是指責文人愚鈍無能。

這些文人是誰？托克維爾當然提到了伏爾泰，談到他欣賞英國的言論自由而不是政治自由。他在這裏沒有提到盧梭，雖說盧梭像伏爾泰一樣有名，而且革命者們引述盧梭的話要多得多——同時他也是托克維爾最喜歡的作家之一。他認為發揮最重要角色的當屬「經濟學派」，或稱重農主義者，他們用愚蠢的妙策不負責任地干預政事，狂熱追求平等，對自由卻沒多大興趣。他們的領袖是杜爾哥(Turgot)[3]，他不愛管閒事，是個擁有「偉大靈魂」和「罕見天資」的人，這讓他鶴立雞群。但也正是他在1775年愚蠢地建議路易十六，說後者完全可以在選出的議會中給予國家有名無實的自由而無須賦予議會任何實權。經濟學派鼓吹「民主的專制」，托克維爾在他的時代所看到的社會主義也是受到了他們的啟發。他們把自由作為實現平等或財富等其他好處的手段，在一定程度上導致法國人民喪失了對自由的志趣。「這種崇高的志趣」，托克維爾在專門論述經濟學派的那一章中寫道，是「偉大心靈」的特權，是與之為敵的「平庸靈魂們」(mediocre souls)從來都感受不到的。

經濟學派最早的前輩出現在17世紀，其中最著名

3　法國18世紀中後期古典經濟學家，也是經濟學上重農學派的代表人物。如今他被視作經濟自由主義的早期倡導者之一。

的就是霍布斯，但托克維爾把他們當作新鮮事物來對待。他們的思想或許並不新鮮，但卻是最近才切中法國的時弊。他說那些文人的影響力越來越大，以至於他們塑造了法國人的人生觀，給法國灌輸了一種「非凡的教育」。法蘭西民族疏離於自己的事務，毫無經驗，因而對那些經濟學派的說教毫無免疫力。就連貴族們也為作家讓路，後者成為主要的政治力量，取代了在自由國家通常由黨魁佔據的地位。革命者粉墨登場時，附和着同樣的抽象理論——關於這一點，托克維爾評論說「作家的優點往往就是政治家的缺點」。

這一評價尤其適用於文人們對教會的大肆攻擊，這是他們傳授的教育中最突出的特點。教會代表着傳統、權威和等級——這些全都是文人在政治上反對的。他們不像托克維爾那樣，把教會看作自由的潛在盟友，而是把教會當成政治革命和改革的主要障礙。然而，教會在18世紀已經失去了大部分勢力。教會沒有壓制出版自由，只不過是用無效的審查制度和微不足道的騷擾激怒了作家們，不過是些警告，稱不上讓他們噤聲。事實上，托克維爾說，當時被噤聲的人反而是信教的人。文人們為自己爭取出版自由以便提出簡單化的改革方案，而不是為所有人爭取自由，後一種政治自由恰恰有可能會阻礙或讓人們抵制其方案。革命只發生在想像中，沒有一個文人相信暴力，或對迫在眉睫的暴力有一絲一毫的察覺，也沒有人想到過

他們或許應對此負責。但托克維爾認為他們應該對最終到來的大革命的性質負責——他們承擔的責任雖說沒有思想家那麼大，卻和那些偶然發現了政治真空、本該警醒憂慮，卻在其間興風作浪的無用政客一樣難脫干係。

說到那些滿腦子抽象理論的文人，托克維爾和埃德蒙·柏克一樣譴責了他們。但他對待哲學的態度卻與柏克迥然不同，雖然其差別要細細分辨。柏克之所以抨擊哲學，是為了反對那些自稱哲學家的人，繼而用重新恢復的對審慎明斷的信心來取代哲學；托克維爾卻沒有這樣討論哲學和哲學思想，只是偶爾抨擊它們不切實際，同時也為審慎明斷提供了一個補充。這就是教導人們如何理解社會的一般活動、評判大眾的想法，並預測結果如何的「偉大的政治學」。他說，隨便在街上遇到一個美國人，他都會知道宗教對於自由社會至關重要，因為那些最不精通「政治學」的人反而很清楚這一點。然而他從未對這些關於政治學的驚人話語做出任何解釋，就像在《論美國的民主》中，他看似在開篇做出了承諾，卻根本沒有提出一種「煥然一新的世界所需的……新政治學」。一門系統詳盡的政治學會貶損政治活動的重要性(搶風頭)，或許還會損害讀者獨立思考的能力。真正讓政治家們學會政治藝術的當是「自由制度的運作」。作為一名政治

學導師，托克維爾的政治學謙虛自制，不着痕跡，更不出風頭。

在《舊制度與大革命》的第三編，托克維爾的確就他自己的政治學舉了一個例子，不過這一點並沒有被讀者看出來。這正是他著名的命題：「對一個壞政府而言，最危險的時刻通常就是它開始改革之時。」如果看似無處可逃，人民還會毫無怨言地容忍壓迫，而一旦發現未來有救，他們就會急不可耐，訴諸暴力。只有到了1780年改革行將到來之際，才誕生了「人可以持續無限地完善的理論」。這一理論讓一個民族對既有的良善渾然不覺，反而受到鼓動去爭取「新事物」。這也正是《論美國的民主》中探討過的非理性的進步理論，此時它被看作法國大革命的一個原因。托克維爾讚揚了革命者「令人欽佩」地堅信人的可完善性和人的力量；他們熱愛人類的榮耀並堅信人類的美德。但如果說他們心志真誠，他們的頭腦卻因為神聖法則被廢止、世俗法律被顛覆而迷失了方向。走向完善的確令人振奮，但永無止境。如果人希望在自由中找到滿足感，他就需要一種能夠洞察全局的政治，其間必須有人的容身之處。

第六章
托克維爾的驕傲

　　由托克維爾對於哲學的批評看來，稱其為哲學家或許會自相矛盾，過於冒失。但他自稱「新式自由主義者」，並提出了自己重新思考過的新的自由主義。在《論美國的民主》中，他曾批評唯物主義哲學助長了民主制度只尋求物質享樂的性情，致使人們喪失了宗教所激發的自豪感。在《舊制度與大革命》中，他又批評理性主義哲學只尋求改革體系而不介意有無自由。我們不難把這兩種哲學看成是作為自由主義之源的現代政治哲學的不同方面：唯物主義追求實施改革而不再逆來順受，理性主義追求改善物質生活而非畫餅充饑[1]。在《回憶錄》中，托克維爾記述了自己親眼見到並參與其中的1848年法國革命，藉以展示他希望自由主義能夠有一些驕傲，那是他本人的多少有些悲壯的驕傲。那是有關失敗的記述，幾乎不能算是驕傲的勝利。但同時它又不無啟迪，不管是把自己想像成政治家的哲學家，還是聽任自己被哲學家鼓動的平民，都會從中受到教益。

1　原文如此。疑前後邏輯顛倒了。

為我一個人寫的？

托克維爾的《回憶錄》明顯不同於他的另外兩部主要著作，這本書撰寫於那兩部巨著之間的1850–1851年。他在本書開頭說自己「暫時離開公務的舞臺」，且由於健康原因而無法持續進行任何研究工作。1849年10月，他被迫辭去外交部長的職務，這是他政治生涯中最高也是最後一個職位，他在任的時間也不過區區五個月；隨後在1850年3月，他第一次吐血，這是九年後奪去他的生命的疾病的初發症狀。他現在是單身，「處於孤寂之中」——這句話帶着點盧梭式的浪漫，因而決定探究1848年一連串事件的根源，「描繪」他所看到的事件參與者。這本書完全不像他的其他著作那樣，是寫給讀者的「文學作品」；它是「為我一個人寫的」。《回憶錄》一書的確只給幾個朋友看過，在他有生之年也沒有出版，直到1893年，因為他的遺囑許可才得以面世。

托克維爾說，這部作品將會是一面「鏡子」，他在裏面看見了同代人和他自己，而不是準備公之於眾的「畫像」。他唯一的目標是「自得其樂」，「獨自思考」社會的真實寫照，觀察「擁有真正現實的善惡的人，去理解和評價他的本性」。因此他的言辭或許是真誠的，他必須對這些內容「完全保密」。這裏他強調了審視鏡中的自己(這是他會做的事)和為他人畫像(這是他不會去做的事)之間的差別。但他又說自己

會「描繪」那些他見過的人,而且在接下來那一段,他再次提到希望「描繪」的事件。此外,在本書後文中,他的確以最精彩的文筆「描繪」了那些人物和事件,完全不是只為自己的消遣而寫。雖然他曾在一封信中說自己正在進行的這個工作是「白日做夢」,實際上,他卻咨詢過其他參與者,還核查了文獻來驗證自己的記憶。那麼,為什麼他要對這部作品的目標受眾如此含糊其辭呢?

《回憶錄》的確是一幅生動的畫像,但卻是給後代人看的。這部作品的鮮明特徵就是它內含許多生動的個人肖像,全然不同於他的另外兩部主要研究原因、對人物只作泛泛而談的著作。在該書中,從他對國王路易–菲利普(Louis-Philippe)的辛辣分析開始,讀者會接二連三地看到令人難忘的諷刺畫式人物素描,這些個人不是事件的主導者,而是因為自己的錯誤、有時還是因為美德而成了那些事件的犧牲品。他自己的親人(他的弟媳)和朋友(讓–雅克·安培)都未能幸免,在該書接近結尾處,我們又看到了總統(很快又成了皇帝)路易·拿破侖的滑稽肖像:半是老式的陰謀家,半是徹頭徹尾的享樂主義者。在生前公布這些樂事可能會顯得過於輕率,很有可能還會引來牢獄之災,但為後代記述這段史實卻讓托克維爾有機會展示務實政治實際上是如何運作的。在《論美國的民主》和《舊制度與大革命》兩部著作中,他頌揚了政治自

由的實踐；在這本書中，他剖析了政治自由的實際運用——或者倒不如說，論證了法國未能建立起政治自由。

但更重要的是，托克維爾剖析了自己的作用，或者毋寧說自己的失敗。他本人是個陷身於政壇的文人，就像他在《舊制度與大革命》中譴責的那些人一樣。在這裏，他展示了在政壇上揮斥方遒的文人能走多遠，要在多大程度上依賴機遇，又要多麼仰仗其必須與之合作的庸眾的協作。這是《回憶錄》寫實的一面，與描繪的一面既和諧共存，也形成了對照，因為當他反觀自身時，他看到自己身為畫師，既身處政壇，又作為導師身處其上。在《論美國的民主》一書的結尾他說，他努力進入上帝的視角，以便在民主制度和貴族制度之間做出評判。但他還說，和凡人不同，上帝既能看到孤立的事件，也能看到全貌。在本書中，他站在個體的立場上來審視人性，因為事件之所以是孤立的，是因為人類個體千差萬別。像18世紀的法國文人一樣，投身政治的哲學家傾向於認為可以系統地應用普遍真理來長久地改進人類的事業。因此，普遍真理可以要求個別境況服從於它，並強迫後者按照它的意志行事。

托克維爾在《回憶錄》中表明，這種服從不會發生。他把自己置於1848年法國革命的情境中，彼時，他作為一個文人或哲學家，希望控制事件的發生卻無

圖9　托克維爾的一幅速描，畫的是他本人和同事朗瑞奈拉着車去內閣。

圖10　1848年法國大革命期間，一夥暴徒襲擊了一個街壘。托克維爾預言了革命的發生，也反對革命，但未能成功地阻止革命的到來。

能為力。他當然反對理論家，尤其是希望發生那場革命的社會主義者，他也從未聲稱代表「哲學」或任何學說，他只代表他自己。但在反對革命時，他承擔起反哲學家的角色，揭露了自命為哲學家的那些人的荒謬行為。1848年革命推翻了路易–菲利普的君主政體——對此結果托克維爾反對卻無奈，隨後建立了受困於黨派傾軋的共和國，他負責任地加入了這個共和國的政府，卻並不熱衷於此。共和國又在1851年被路易·拿破崙推翻，重新建立了拿破崙的帝國，如今變成了溫和、民主的專制國家，集中央集權和平民的自滿為一體。1848年的革命者們並未得償所願，托克維爾也一樣壯志未酬。他看到了自己預測的噩夢成真，又距離關鍵事件那麼近，這讓他自己便足以成為思想家之無能的典型。記錄這些事件的《回憶錄》直到很久以後才出版，可以使我們清楚地洞察到他的內心，並和他一樣做出判斷——我們畢竟眼見着這些事件以讓人寬心的陳詞濫調一一披露出來，為的是取悅當代讀者。

關於他自己的建議無效，托克維爾舉了一個關鍵的例子。雖說他只能勉強算是熱衷於君主制，但他認為法國維持一個有民選議會的君主立憲制要好於冒險成立共和國、選舉總統，為拿破崙的繼任者鋪平道路——這正是後來真實發生的情況。1848年2月24日，一夥武裝民眾暴力闖入制憲議會(下議院)，推翻了君主制度。這一事件使得以法國人民的名義在巴黎鬧事並

使用革命暴力反對憲法的暴徒取得了合法地位，作為連鎖反應，這後來又推動中產階級和農民支持路易·拿破侖，以保護他們的財產免受暴徒的威脅。

托克維爾作為下議院的成員，當天就在現場，並在《回憶錄》中講述了此事：當暴徒聚集時，他環顧四周，希望找到什麼人來安撫他們，然後就看到了詩人和歷史學家拉馬丁(Alphonse de Lamartine)，後者是當時議會中最受人歡迎的政治家。托克維爾走向他，在他耳邊低語道，如果他現在不站出來講話，「我們就毫無立足之地了」。拉馬丁回絕了；他不願做任何挽救君主制度或讓他的聲望涉險的事。他後來倒是講話了，但為時已晚，眾人平安的機會一去不返。托克維爾說，有一小隊國民自衛軍來到現場，但也晚了半個小時。托克維爾一直堅守陣地，但他的建議沒有被採納，結果「改變了法國的命運」。或許他的描述多少帶點戲劇化的做作，但他這樣做不無目的。它充分顯示了關於可能的改革、關於政治自由的福祉，政治學家所提的建議有着怎樣的局限性。在另外兩部已經出版的著作中，托克維爾讚揚了美國政治的成就，譴責了法國在這方面的缺失，而這部他有生之年沒有出版的著作的最後一句話充滿諷刺意味：在兩次來之不易的外交成功之後，他所屬的內閣卻垮臺了。在這部著作中，他把對政治以及政治自由長久持續的束縛全都公之於眾——不過那已經是很久之後了。

社會主義

　　《回憶錄》一書沒有為民主制度說什麼好話。托克維爾說他寫這本書是想「保持絕無奉承地描繪〔肖像〕的自由」，而由於他沒有像在《論美國的民主》中一樣在此書中讚揚民主制度的正義，有人或許會推論，他在那本書中恭維了民主制度。在揭露美國人在政治討論中有微不足道的誇大其辭時，他曾把他們比作「在民主國家議會裏辯論國家大事的大演說家」，但在這部書中他承認：

> 我向來認為，不管是平凡的人還是才能出眾之士，都有一個鼻子、一張嘴、兩隻眼睛，但我又記不住他們每個人的容貌特徵。我不斷詢問這些每天見面但又叫不出名字的人士的姓名，而後又不斷把他們的姓名忘掉……他們在領導大眾，所以我尊敬他們，但他們又使我感到非常厭煩。

　　這不是一個渴望或能夠取悅他人的政治家的態度。這種輕視並非出於本意，但其背後潛藏着托克維爾關於「社會主義還將保持二月革命的基本特性」的判斷和他對1848年革命的「最可怕記憶」。人民長期以來不斷獲得權力，他們早晚會不可避免地面對平等的主要障礙，即財產的特權。他在《論美國的民主》中曾以民主革命作為主題，而社會主義似乎是民主革

命的下一個階段。他將1848年革命評價為一場社會主義革命，這與卡爾・馬克思在其《路易・波拿巴的霧月十八日》(1852)單行本中的判定截然不同，馬克思譴責那是一場小資產階級的鬧劇。馬克思的失望必然要符合他自己的歷史觀，因而他說當歷史再現時(正如他的泰斗黑格爾所說)，第一次是作為悲劇出現，第二次是作為鬧劇出現。悲劇是1789年的法國大革命，馬克思所說的「悲劇」不是指1793年的恐怖政治[2]，而是反對這一恐怖政治的熱月政變。托克維爾在他的評價之後就人們在1848年對社會主義的普遍厭惡進行了反向思考，說社會主義可能會捲土重來，因為未來可能會更加開放，遠超過當前生活在每一個社會中的人們的想像。他當然認為財產，尤其是小資產階級的財產，對政治自由十分必要，而馬克思之所以敵視財產，只是因為它維繫了政治自由的錯覺。

在托克維爾看來，社會主義是人民的激情和文人的幻想的組合，配合着他們的「有創造性的然而是錯誤的思想體系」，他們是他後來在《舊制度與大革命》中譴責的那些人的後代。政治中的文學精神在於喜歡看到富有創意和全新的事物甚於真實的事物，偏愛有趣的戲劇性場面而非有益的場面，更關注那些只管自己唱唸做打、全然不顧後果的演員，以及根據印

2　指1793年9月5日到1794年7月28日的雅各賓專政時期，是法國大革命時一段充滿暴力的時期。

象而非理性來作決定：這些都是他在自己的朋友、文學學者安培身上看到的，或許在性格更粗暴乖戾的馬克思身上也會看到。

體系的幻覺本身就很荒謬，在實踐中也並非無害，然而相對於漫不經心的革命理論家，托克維爾更敬重那些可能會反抗的人。鑒於《回憶錄》更注重對個人的「描繪」，他向我們呈現了一幅他自己家的生動畫面，其中那位(不知姓名的)門房和名為尤金的隨從就是兩個反差很大的人物。門房是個在鄰里間惡名昭著的老兵，精神不太正常，這個廢物不是在家裏打老婆，就是在酒館裏虛擲時光——總而言之，他是個天生的社會主義者。在1848年6月暴動期間，有一天他帶着刀四處遊蕩，威脅說再見到托克維爾就要宰了他。但當晚當托克維爾回家時，這個門房毫無作為，並表示他本來就沒打算怎麼樣。就此托克維爾評論說，在革命期間，人們總是吹噓自己想像出來的罪行，就像他們在平日總喜歡吹噓自己想像出來的善行。而尤金曾是名國民自衛軍的士兵，他以超然的冷靜態度繼續自己的隨從工作，同時也加入了鎮壓的軍隊。他不是個哲學家，但有着哲學家的沉着。他也不是個社會主義者，但如果社會主義取得了最後的勝利，雖然他並非桀驁難馴，也缺乏隨機應變的能力，最終也有可能成為一個社會主義者。實現社會主義的過程中會產生生氣勃勃的特質，而這種特質到了社會主義制度下便會消失。

1848年的革命並非理論家們的本意，但他們的理論所呼喚的改革只有革命才能夠實現。除了托克維爾，也無人預測到這場革命的發生，他在1847年10月的一份聲明中預言革命即將到來，在革命發生一個月前的1848年1月27日，他還在下議院的一次演講中向在座的人們敲響警鐘。「難道你們沒有感覺到——叫我怎麼說呢——一股革命的風波正在蔓延嗎？」他大聲疾呼道。《回憶錄》中重複了他另外兩本書中的一個主題，那就是將一般原因同個別事件區分開來；關於革命是如何發生的，他找到了六個一般原因和六個偶然因素。文人們總是在糾結一般原因，特別是「絕對體系」，托克維爾說他嫌惡那些體系，「在他們自以為重要的體系中有偏執之處，在炫耀自己像數學真理的時候也有錯誤」。另一方面，那些汲汲營營於日常事件的政治家則喜歡把自己涉足的一切都歸於意外。托克維爾聲稱，很多史實都是偶然發生的，或者說各種刺激原因的組合會讓人們把它們看成偶然事件，但如果不是條件事先就已成熟，偶然原因起不了什麼作用。或許只有托克維爾這樣的天才才能預見到一般原因正在起作用，他所仰仗的不是什麼離奇的先見之明，而是因為他非凡的洞察力沒有被體系的幻象所蒙蔽，那個體系把一切原因和每一個偶然事件都縮減為它自己的理論，好像它是整個宇宙的掌管者似的。政治中的文學精神是暴君的精神，制止它的最佳

手段就是事實的頑強存在，後者是由偶然的不可預知性支撐的。

偶然與偉大

偶然因素所能決定的程度恰恰是人的美德能夠干預的，因為偶然是原本不會發生的情況，而美德需要有所行動。擁有美德的人一旦行動，就會取代本可能偶然發生的，或由無德之人的平庸行為所造成的結果。因此，正如托克維爾在《論美國的民主》中所說，美德有「消除」偶然的動機。但美德也會事先假定偶然因素的存在，以便有朝一日取而代之。在托克維爾否定的決定論的科學體系中，偶然因素或美德都沒有發揮的餘地。被迫而為的美德並非美德；美德必須是自願的，有德之人必須是自由的。美德是自由的最佳指示器，因為濫用自由，例如路易–菲利普的君主制下法國政府的腐敗，有可能是被迫而非自由的——在這個例子中，腐敗是由這個政權對物質享樂的熱愛這一突出特點導致的。

但托克維爾不是美德的推銷者，將自己的研究成果作為唯一真正的自由兜售。他的新式自由主義並未採取康德的方式，得出一種能夠充分表達和保證自由的普遍的、絕對的道德律令。在審視《回憶錄》中的實際個體時，他深刻地感受到人的美德的局限性。首先，美德是罕見的，又分為公共和私人的美德，因而

個人可能只有其中的一種而缺少另一種，其中的一種甚至還會妨礙另一種。誠實是最常見的美德，但在需要見諸行動時，「大膽的流氓」可能會比誠實的人更被人看重。民主主義者幾乎一定會將他們的誠實和「胡說八道」混為一談。托克維爾認為德‧拉馬丁夫人[3]是個具有「真正的美德」的女人，但她在自己的美德中「混入雖使美德不變但使她不再受人愛慕的幾乎一切缺點」。他在《論美國的民主》中曾說過，「權利觀念無非是引入政治世界的美德觀念」，但他在《回憶錄》中並沒有討論權利。

相反，托克維爾詳細論述了卑微與偉大之間的差別；被推翻的平民君主制、可能到來但從未實現的社會主義共和國，以及拿破崙的第二帝國，全都是卑微戰勝了偉大的實例。在托克維爾所有的作品中，偉大都啟迪了自由，偉大可以說是他的「新式」自由主義的主要特徵。對偉大的渴望這一動機證明了民主的愛國主義，乃至民主的帝國主義和殖民主義的正當性，並使之變得高尚起來。

關於托克維爾以阿爾及利亞為例支持法國殖民主義的著述，近來人們的關注頗多，並認為他的態度有損他民主之友的聲望。但他贊成法國在阿爾及利亞的殖民主義(當然，使用奴隸除外)是在表達他渴望偉

3　瑪麗安娜‧德‧拉馬丁夫人(1790–1863)，法國畫家、藝術家和雕塑家。

大；要想使民主制度更加莊嚴而不致淪為平庸者普遍平等的主張，就必須弘揚人的偉大。他同意他的朋友約翰·斯圖爾特·密爾的說法，即「文明」高於「野蠻」，不過關於文明在多大程度上高於野蠻、是否足以為專制制度辯護的問題，兩人大概會爭論一番，密爾在其著作《論自由》中對這個問題的答案是肯定的。然而，如果民主國家的特殊性和民主的愛國主義所帶來的榮耀這兩者中有任意一個構成了一種「教化使命」(這不是托克維爾的說法)，就會表明殖民主義是可能存在的。如今的解決方案是擱置文明與野蠻的差別，從而把文明轉化為「文化」。文化都是平等的，因此如今的多元文化觀念絕口不提偉大。這樣一來，多元文化就能與全球化並行不悖，兩者的本意都是無視政治分歧，因而都無關政治，於是就對托克維爾要求有界限分明的政治團體的政治自由主張懷有敵意。既然政治自由是由對偉大的渴望所引發的，它就必須冒險為他人謀福利，而受益者卻可能只顧自牟私利。

如果托克維爾只是因為始終關注人的偉大而成為一個新式自由主義者，那麼他為什麼還願意做一個自由主義者？偉大難道不是必然屬於貴族，以至於因為始終關注着偉大，他根本就不是個真正的自由主義者──遑論民主主義者？為了回答這些問題，不妨將他與亞里士多德作一番比較，後者不可能被指為自由主義者。托克維爾贊成亞里士多德的人天生是政治動

物的説法。他從來沒有重複過亞里士多德的定義，卻顯然拋棄了自由主義選擇的另一條道路，那首先是由霍布斯提出的，即人生而自由，只是因為許可了某種人為主權才會歸順政治。那麼，托克維爾是在哪一個節點上與亞里士多德分道揚鑣的呢？

分歧之處恰恰是托克維爾提出的人的偉大的概念，這與亞里士多德所説的美德和人之良善截然不同。在亞里士多德看來，善是至高無上的，因為我們認為我們人類所追求的一切目標都是善，亞里士多德將這種人類視角擴展到了整個大自然。但首位自由主義者霍布斯否定了善的至高無上。他斷定我們所有的人都渴望自保，這是我們所共有的善，但我們以各種各樣的方式進行自保，我們各自追求的善也因人而異。單一的最高的善並不存在，而只存在普遍認為的最小的善，即自保，與我們根據自己的意見追求的不同的善之間的區別。在政治中，這種區別造成了國家和社會之間根本的、自由主義的區別，前者確保了最小的善，而後者為不同的善留有空間，也就是我們今天稱之為多元主義的所在。

托克維爾選擇了這條自由主義的路線，他追隨霍布斯而背離了亞里士多德乃至整個古典政治思想。但他和亞里士多德一樣堅信靈魂，並提到過「墮落的靈魂」。自由主義不贊成靈魂的説法，因為它把自保這一最小的善融入到追求美好生活的最大目標之中。墮

落的靈魂可能與美好生活相去甚遠，這當然不是自由主義的觀點，後者認為自我僅憑自己的意願做出生活的選擇，其價值不能以一種單一的、據說是真實的美好生活的觀念來加以衡量。但托克維爾所說的是「偉大」而非「美好生活」。這有什麼不同呢？

偉大不是一種天性，而是由人類自身特別歸屬於人類的；它是指以人類的視角看到的偉大，或者按照托克維爾的說法，是指「人的偉大」。它在某種程度上變化不定、反復無常，但人的天性中就有對偉大的渴望和讚美。只有人會評價事物和人物的重要性，而偉大就是人認為重要之事。很多美好的事物僅僅是有用並因而是「善」的一部分，但它們或許並不重要，而偉大與之不同。缺乏美德的偉大是可能存在的，正如在談及拿破侖時，托克維爾說他「是一個最偉大的沒有美德的人」。有德之人或許會更偉大，但美德很罕見。偉大也同樣罕見，但既然人們認為它很重要，而他們所認為的重要之事彼此不同且往往彼此衝突，偉大就比美德更加多樣化，因而也與政治自由更加協調。所有的人崇拜的事情各不相同，因而關於何為偉大會有自己的看法。但對「偉大」沒有必要像對「善」一樣統一看法或做到絕無矛盾。這正是古典思想家拒絕將偉大看得至高無上的原因。偉大也是實踐而非理論的成果。亞里士多德在描述擁有偉大靈魂的人時，他討論的是道德上的美德的實踐範疇，而不是

哲學家的智識美德。哲學家們可能對整個自然界的偉大有他們自己的觀念，但他們會用它來貶低大多數人認為偉大的那些事物。在這一點上，托克維爾與大多數人持同一立場。他對哲學的不信任恰恰體現在他關於偉大的主張中。也許他也擁有一種多少類似於亞里士多德哲學的隱秘哲學來證明他輕視哲學無可厚非，那是為政治辯護的哲學。但他大體上還是覺得有必要通過非難哲學來為政治辯護，因為他所知道的自由主義哲學如今已成為自由和自由主義的最大危險。

參考書目

Preface

For the phrase "new kind of liberal," see AT's letter to Eugène Stöffels. July 24, 1836, and for analysis of it, see Roger Boesche, *The Strange Liberalism of Alexis de Tocqueville* (Ithaca, NY: Cornell University Press, 1987). On AT's influence, see Raymond Aron, *Main Currents in Sociological Thought*, vol. 1 (New Brunswick, NJ: Transaction Publishers, 1998, orig. 1967), François Furet, *In the Workshop of History*, chap. 10 (Chicago: University of Chicago Press, 1984). Translations of AT's *Democracy in America* (hereafter *DA*): Harvey C. Mansfield and Delba Winthrop, trans, and eds. (Chicago: University of Chicago Press, 2000), and Arthur Goldhammer, trans. (New York: Library of America, 2004). Many of his letters can be found translated in Roger Boesche, ed., *Alexis de Tocqueville: Selected Letters on Politics and Society* (Berkeley: University of California Press, 1985). A sampling of current scholarship on AT is in *The Cambridge Companion to Tocqueville*, Cheryl B. Welch, ed. (New York: Cambridge University Press, 2006).

Chapter 1

The soundest biography of AT is André Jardin, *Tocqueville, A Biography* (New York: Farrar, Straus and Giroux, 1988); more recent is Hugh Brogan, *Alexis de Tocqueville, A Life* (New Haven, CT: Yale University Press, 2007). On the "great lottery of paternity," see AT's letter to his brother Edouard, September 2, 1840, and the somewhat different view in his letter to Louis de Kergorlay, November 11, 1833.

On his own ambition, see AT's letter to Mme. Swetchine, February 26, 1857. On AT's trip to America, see his notes in *Journey to America*, ed. J. P. Mayer (London: Faber & Faber, 1959), and the classic study of George W. Pierson, *Tocqueville and Beaumont in America* (New York: Oxford University Press, 1938). On mixing history and philosophy, see AT's letter to Kergorlay, December 15, 1850.

Chapter 2

Quotations follow the text in *Democracy in America* from the introduction through pt. 1 of vol. 1, then into pt. 2. The quotation on trading small virtues for the vice of pride is at *DA* vol. 2, pt. 3, chap. 19, and the one on the "two distinct humanities" is at *DA* vol. 2, pt. 4, chap. 8. On the writing of *Democracy in America*, see James T. Schleifer, *The Making of Democracy in America*, 2nd ed. (Indianapolis, IN: Liberty Fund, 2000). Pierre Manent, *Tocqueville and the Nature of Democracy* (Lanham, MD: Rowman & Littlefield, 1996), is the best overall study of the book, and Sheldon S. Wolin, *Tocqueville between Two Worlds* (Princeton, NJ: Princeton University Press, 2001) is an indispensable critique of AT. Careful readers will want to verify in the original texts the generalizations offered in this chapter about the liberalism of Hobbes and Locke, and in particular to explore the function of mores as argued in two of AT's favorite predecessors, Montesquieu (in the *Spirit of the Laws*, bk. 3, chap. 19) and Rousseau (in the *Social Contract*, bk. 2, chap. 12).

Chapter 3

Quotations are from pt. 2 of vol. 1. On AT's liberalism, see Pierre Manent, *An Intellectual History of Liberalism*, chap. 10 (Princeton, NJ: Princeton University Press, 1996). On AT's discussion of restlessness and its connection to Pascal, see Peter A. Lawler, *The Restless Mind: Alexis de Tocqueville on the Origin and Perpetuation of Human Liberty* (Lanham, MD: Rowman & Littlefield, 1993).

Chapter 4

Quotations follow the four parts of vol. 2 of *DA*. The phrase "immense being" can be found at *DA* vol. 2, bk. 1, chap. 7 and vol. 2, bk. 4, chap. 3. The argument for "two Democracies" can be found in Seymour Drescher, "Tocqueville's Two Democracies," *Journal of the History of Ideas* 25 (1964): 201–16, and Jean-Claude Lamberti, *Tocqueville and the Two Democracies* (Cambridge, MA: Harvard University Press, 1989); the argument against, in Schleifer, *The Making of Tocqueville's Democracy*, 2nd ed. On religion, see Sanford Kessler, *Tocqueville's Civil Religion* (Albany: State University of New York Press, 1994), and Joshua Mitchell, *The Fragility of Freedom: Tocqueville on Religion, Democracy and the American Future* (Chicago: University of Chicago Press, 1995). On women, see

Delba Winthrop, "Tocqueville's American Woman and 'the True Conception of Democratic Progress,'" *Political Theory* 14, no. 2 (1986): 239–61, and Cheryl Welch, *De Tocqueville* (Oxford: Oxford University Press, 2001).

Chapter 5

Quotations follow *The Old Regime and the Revolution* (hereafter *OR*) through its three parts. For the sources and analysis of *OR*, see especially Robert T. Gannett Jr., *Tocqueville Unveiled* (Chicago: University of Chicago Press, 2003). For analysis, see François Furet, *Interpreting the French Revolution* (Cambridge: Cambridge University Press, 1981), also Ralph Lerner, *Revolutions Revisited* (Chapel Hill: University of North Carolina Press, 1994). On "political history," see Delba Winthrop, "Tocqueville's Political History," *Review of Politics* 43 (1981): 88–111. Burke's most powerful attack on the French Revolution is his first analysis of it, *Reflections on the Revolution in France* (1790).

Chapter 6

Quotations from the *Recollections* again proceed from beginning to end of AT's text. For analysis, see Lawler, *The Restless Mind*. On Algeria, see Jennifer Pitts, ed., *Alexis de Tocqueville: Writings on Empire and Slavery* (Baltimore, MD: Johns Hopkins University Press, 2001), and Michael Hereth, *Alexis de Tocqueville: Threats to Freedom in Democracy* (Durham, NC: Duke University Press, 1986).